lilleliiz

릴리스의
코바늘 인형 15 &
친절한 뜨개 기법
설명

사랑스러운
손뜨개 인형

마리리스 릴 지음

최수이 옮김 ㅣ 김윤정 감수

도림북스

'네가 쏟은 시간과 정성 때문에
너의 장미는 세상에 하나밖에 없는 장미야.'

– 〈어린 왕자〉 생텍쥐페리 –

사랑스러운 손뜨개 인형

1판 1쇄 펴낸 날   2020년 12월 10일

지은이   마리리스 릴 Mari-Liis lille
옮긴이   최수이
감 수   김윤정

기획 · 편집   신이수
편집 · 표지 디자인   김미정

펴낸이   신이수
펴낸곳   도림북스
            경기도 남양주시 화도읍 맷돌로 50
팩스번호   02-6442-1423
출판등록   제 399-2017-000024 호
블로그   blog.naver.com/dorimbooks
인스타그램   @dorimbooks_
이메일   dorimbooks@naver.com

ISBN   979-11-87384-20-5 [13630]

이 도서의 국립중앙도서관 출판예정도서목록 (CIP) 은
서지정보유통지원시스템 홈페이지 (http://seoji.nl.go.kr) 와
국가자료종합목록 구축시스템 (http://kolis-net.nl.go.kr) 에서
이용하실 수 있습니다. (CIP 제어번호 : CIP2020047920)

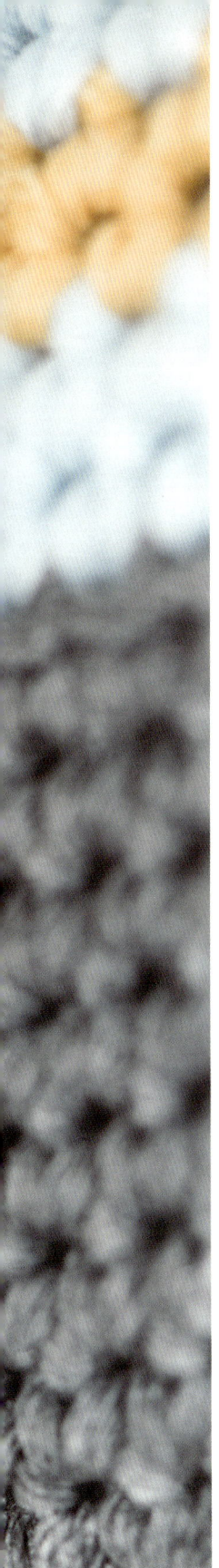

Contents

릴리스(lilleliis)의 10번째 생일을 축하하기 위해 『사랑스러운 손뜨개 인형』책을 구입해주셔서 감사합니다! 빛의 섬광처럼 10년이 흘렀어요. 피아노 연주와는 멀어졌고 공예 하는 삶의 비밀로 빠져들었죠. 처음 코바늘 인형을 시작했을 때는 제 아이들이 영감의 주된 원천이었어요. 지금은 아이들이 커서 책, 자연, 재료, 그리고 인간의 개성 등 다른 곳에서 아이디어를 찾고 있어요.

이 책에는 지인들에게 영감을 받은 코바늘 인형 15가지가 있어요. 인형 중 일부는 실제 아이들과 같아서 아이들은 인형으로부터 친밀감을 확실히 느낄 수 있죠. 일부 인형은 판타지와 동화 같은 특징이 가득해요. 그 이야기를 읽으면 자신이나 가족 또는 친구와 비슷한 점을 발견할 수 있을 거예요. 평화와 조화를 갈망하는 모든 어머니의 내면에는 귀여운 엘라고 있다고 믿어요. 아버지는 강하고 두려움이 없어야 하기 때문에 모든 아버지는 만능 로봇을 안고 있어요. 그리고 모험심이 넘치는 비앙카, 지적인 세바스찬 등이 있어요.

우리 각자의 내면을 발견하기 위해 이 멋진 여정을 함께해주셔서 감사합니다.

이 책이 마음에 들면 www.lilleliis.com으로 가서 더 많은 도안, 사용지침서, 창의적인 아이디어를 얻어 보세요.

Thanks

가족과 아니카(Annika), 수년 동안 지지해주신 전 세계 모든 팬과 출판사에게 감사합니다. 그리고 이 책이 나오기 전에 도안을 테스트해주신 모든 베타테스터(Jill Constantine, Ashton Kirkham, Kristi Randmaa, Serena Chew, Iris Dongo, Barbara Roman, Deborah Eastman, Annegret Siegert, Shannon Kishbaugh, Chrissy Rivers, Sherrie Griffiths, Lisa Johansson, Luisa Willem, Marianne Rosqvist, Monika Weber, Stefanie Schimpf, Amy Jones, Bianka Karolkiewicz, Lotte Nørgaard Pedersen, Vera Molina, Anita Oleszczuk, Lutgarde van Dijck, Méline Brosseau, Matthieu Batbie, Candy Ables Bahr, Kristi Branigan, Marjan Peustjens, Charlie Young and Natalie van Dalen)님들 고맙습니다.

여러분이 모든 것을 가능하게 하는 세상입니다!

아미구루미
*amigurumi*란?

『사랑스러운 손뜨개 인형』에서 소개하는 인형은 아미구루미 스타일입니다. 아미구루미는 일본에서 유래한 스타일로 영어로 번역하면 코바늘 또는 대바늘로 뜬 봉제 인형이라는 뜻입니다(일본에서 아미 *ami*는 '코바늘로 뜬' 또는 '대바늘로 뜬'이고 누이구루미 *nuigurumi*는 '봉제 인형'이라는 의미). 아미구루미 스타일은 원형으로 연결하지 않고, 방향을 돌리지도 않으면서 코바늘을 이용해 나선형으로 뜨는 것이 특징입니다.

아미구루미 인형은 부드럽고 입체적인 형태이면서 표면은 평평합니다. 부속물(머리, 몸통, 팔다리 등)은 흔히 코바늘로 각각 뜬 다음 바느질로 조립합니다. 간단한 인형일수록 기본 기법들을 이용하여, 예를 들면 짧은뜨기, 1코 늘리기, 1코 줄이기로 만들 수 있습니다. 좀 더 복잡한 도안에는 긴뜨기, 한길 긴뜨기를 때때로 추가하였습니다.

코바늘 뜨개 기법

책에서 사용한 뜨개 기법을 설명합니다. 코바늘 뜨개 기법은 원형 뜨기나 평면 뜨기에 관계없이 방법이 같습니다.

시작코 만들기

1. 실꼬리에서 10cm 정도에 고리를 만드는데, 짧은 실을 긴 실 아래에 둡니다.

2-3. 고리 안에 코바늘을 넣고 긴 실에 걸어 고리 사이로 빼냅니다.

4. 코바늘에 매듭이 조여지게 실의 양끝을 잡아당깁니다.

바늘에 실 감기

모든 형태의 코바늘뜨기에서 사용합니다. 실을 코바늘 뒤에서 앞으로 감습니다. 코바늘 끝이 실로 빙 둘러 감겨 있으면서, 바늘이 실을 잡아당기고 있습니다.

사슬뜨기(ch)

1. 바늘에 실을 걸어 고리 사이로 바늘을 빼서 첫 번째 사슬코를 만듭니다.

2. 필요한 사슬코는 첫 번째 사슬코에서 연속하여 계속 뜹니다.

3. 사슬코를 연결하여 원형으로 만들 수도 있습니다. 첫 번째 사슬코에 빼뜨기를 하면 원이 만들어집니다. 이때 사슬코가 꼬이지는 않았는지 확인하세요.

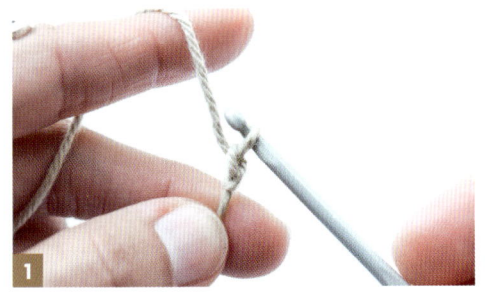

빼뜨기(slst)

빼뜨기는 가장 낮은 코입니다. 한 코 또는 그 이상의 코를 건너뛰거나 편물을 마무리할 때 주로 사용합니다.

1-2. 다음 코에 바늘을 넣고 바늘에 실을 겁니다.

3. 코와 바늘에 걸린 고리 사이로 한꺼번에 빼냅니다.

짧은뜨기(sc)

1-3. 다음 코에 바늘을 넣고, 바늘에 실을 감아 (넣었던) 코 사이로 빼냅니다.

4-6. 바늘에 실을 걸고 바늘에 걸린 고리 2개 사이로 한꺼번에 빼냅니다.

긴뜨기(hdc)

1-2. 바늘에 실을 감아 다음 코에 넣습니다.

3-4. 바늘에 실을 걸어 (넣었던) 코 사이로 빼냅니다.

5-7. 바늘에 실을 걸고, 바늘에 걸린 고리 3개 사이로 한꺼번에 빼냅니다.

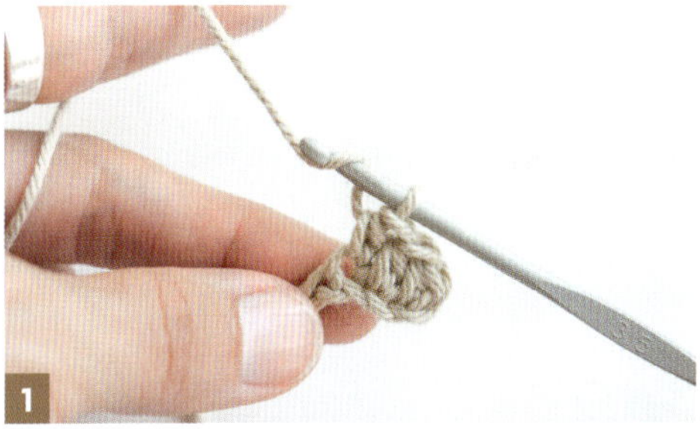

1

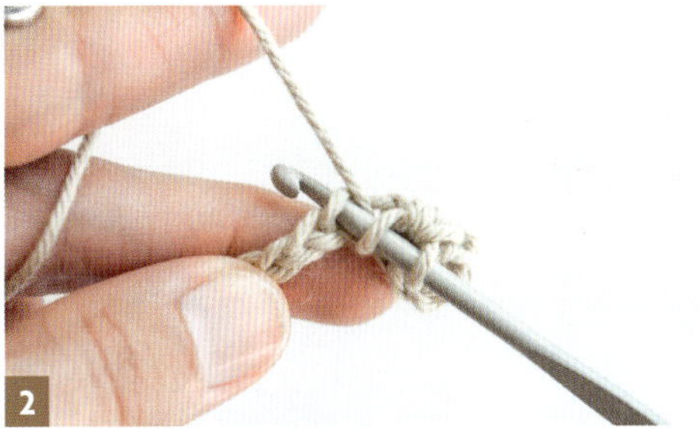

2

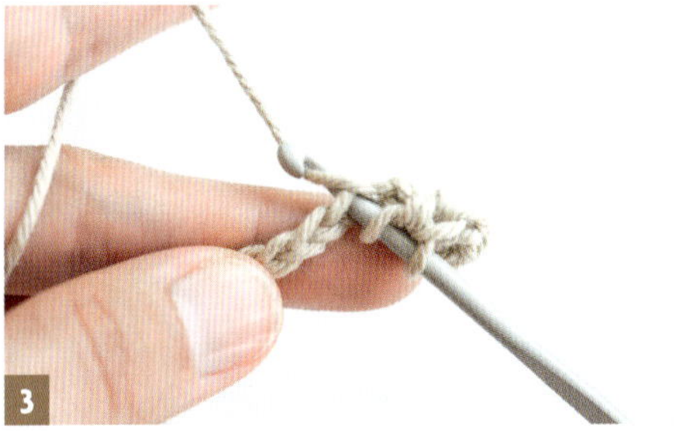

3

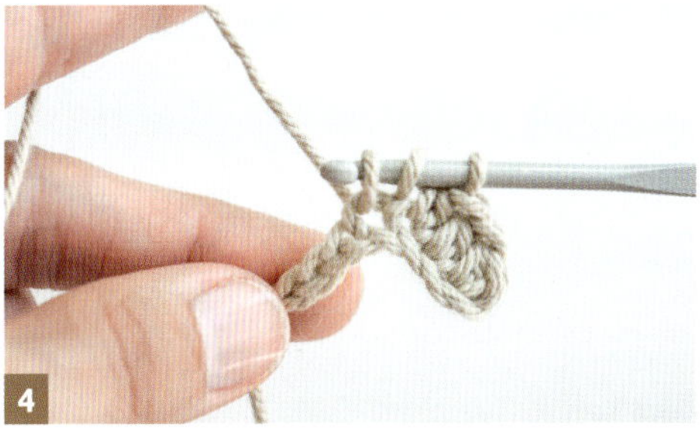

4

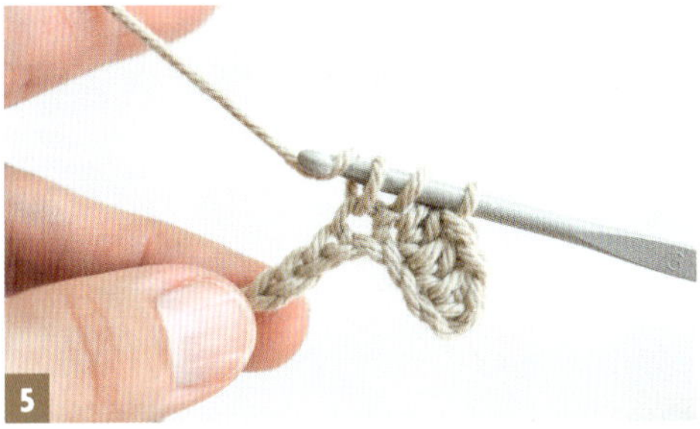

5

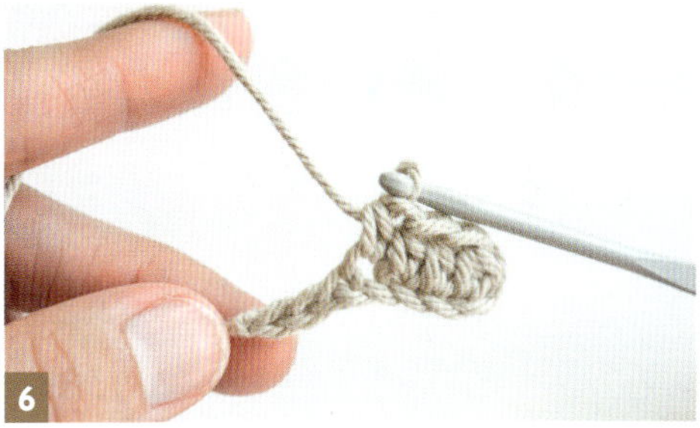

6

7

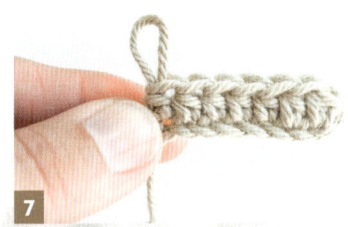

한길긴뜨기(dc)

1-2. 바늘에 실을 감아 다음 코에 넣습니다.

3-4. 바늘에 실을 걸어 (넣었던) 코에서 빼냅니다.

5-6. 바늘에 실을 걸고 바늘에 있는 첫 번째와 두 번째 고리 사이로 빼냅니다.

7-9. 바늘에 실을 걸고 바늘에 남은 고리 2개 사이로 빼냅니다.

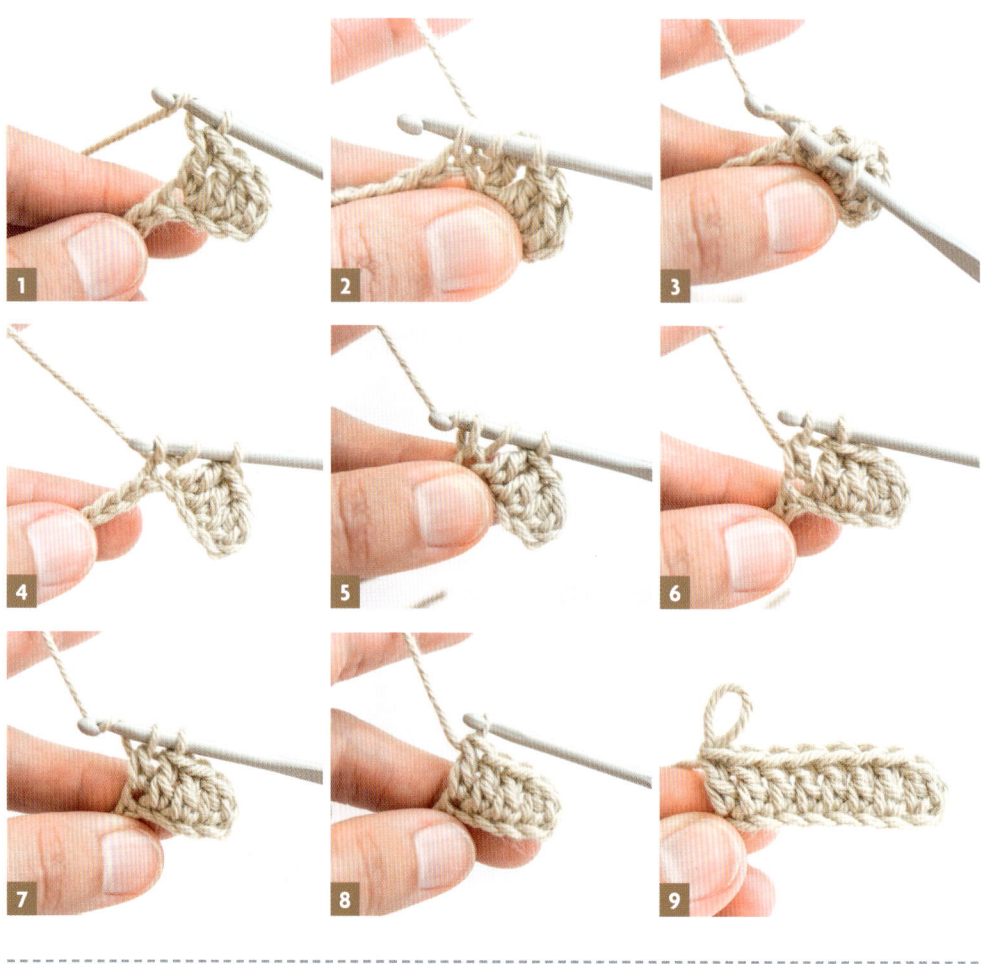

구슬뜨기(긴 3코 구슬뜨기)

1. 바늘에 실을 감아 다음 코에 넣습니다. 바늘에 실을 걸어 길게 늘여 뜹니다.

2. 바늘에 실을 걸고 같은 코에 바늘을 넣습니다. 바늘에 실을 걸어 길게 늘여 뜹니다.

3. 2를 한 번 더 반복합니다.

4-5. 바늘에 실을 감아 바늘에 있는 고리 7개 사이로 빼냅니다. 사슬뜨기를 1코 뜹니다.

늘리기와 줄이기

코 늘리기와 줄이기는 편물 조각의 모양을 만들 때 도움이 됩니다. 늘리기는 확대, 줄이기는 축소입니다.

늘리기는 같은 코에 2코를 뜨는 것입니다. 새로운 코를 만들고 편물 조각을 확대시키는 방법입니다.

줄이기는 코 2개를 함께 뜨는 것입니다. 따라서 단의 콧수는 줄고 편물 조각은 줄어듭니다. 줄이기 방법에는 두 가지가 있습니다.

일반적인 줄이기

1-2. 다음 코에 바늘을 넣고, 바늘에 실을 걸어 (넣었던) 코 사이로 빼냅니다.

3-4. 다음 코에 바늘을 넣고, 바늘에 실을 걸어 (넣었던) 코 사이로 빼냅니다.

5-7. 바늘에 실을 걸고 바늘에 있는 고리 3개 사이로 빼냅니다.

다음 페이지에서는 보이지 않게 줄이기를 좀 더 자세히 설명합니다!

보이지 않게 줄이기

1-2. 다음 코의 앞쪽 고리에만 바늘을 넣습니다. 바로 다음 코의 앞쪽 고리에만 바늘을 넣습니다.

3-4. 바늘에 실을 걸어 바늘에 있는 첫 번째, 두 번째 고리 사이로 빼냅니다.

5-7. 바늘에 실을 걸어 바늘에 남아 있는 고리 2개 사이로 빼냅니다.

늘리기와 줄이기 연습

연습을 많이 하면, 늘리기나 줄이기를 한 코가 연속적인 단에서 서로 겹쳐지지 않아 나타나는 모양이 훨씬 보기 좋은 코바늘 작품이 됩니다.

왼쪽은 콧수 증가가 각 코의 위에 코가 쌓여 있고, 오른쪽은 콧수 증가가 흩어져 있다.

늘리기나 줄이기에서 코가 서로 위에 겹쳐질 경우, 편물 조각은 각이 지는 경향이 있습니다. 각 단에서 한 코 또는 여러 코만큼 앞으로 이동시키면 체계적인 흩어짐이 더 좋아집니다. 예를 들어 단마다 6코씩 늘어나고 줄어드는 위치를 다르게 변형시킬 수 있다면, 늘어나고 줄어드는 것이 흩어져 있게 됩니다. 늘어나고 줄어드는 위치들은 훨씬 많은 콧수로 시작하는 단에서는 보기 좋은 모양으로 변할 수 있습니다.

긴 2코 모아뜨기(hdc2tog)

1-2. 바늘에 실을 감아 다음 코에 바늘을 넣습니다.

3-4. 바늘에 실을 걸어 (넣었던) 코 사이로 빼냅니다.

5-6. 다음 코에 바늘을 넣고, 실을 걸어 (넣었던) 코 사이로 빼냅니다.

7-8. 마지막으로 바늘에 실을 감아서 바늘에 있는 고리 4개 사이로 한꺼번에 빼냅니다.

뒤걸어 짧은뜨기(bpsc)

뒤쪽에 코바늘뜨기를 할 경우 코에서 수직인 곳에 코바늘뜨기하여 편물에 입체감을 만들어 줍니다. 이렇게 뜬 뜨개 모양은 편물을 약간 구부렸을 때 더 잘 보입니다.

1. 다음 코에서 편물의 뒤에서 앞으로 바늘을 넣습니다.

2. 바늘을 편물의 앞에서 뒤로 넣습니다. 두 개의 코 사이에 있는 기둥이 바늘 뒤에 위치합니다.

3-4. 뒤에서 바늘에 실을 감고, 편물의 뒷면을 통과시켜 기둥의 앞을 가로질러 실을 **빼냅니다.**

5-6. 바늘에 실을 걸고 바늘에 있는 고리 2개 사이로 빼냅니다.

7. 뒤걸어뜨기를 계속하면, 사진의 샘플과 같은 모양입니다.

코바늘뜨기(코 줍는 위치)

모든 완성 코는 맨 위에 고리 2개를 가지고 있습니다. 코바늘뜨기를 앞쪽 고리만, 뒤쪽 고리만, 또는 고리 두 개로 할 경우 모두 다른 조직이 만들어집니다. 고리 두 개로 코바늘뜨기하는 경우에 대해서는 언급하지 않습니다. 원형으로 뜰 경우 '뒤쪽 고리만 코바늘뜨기'를 사용

합니다. 남은 앞쪽 고리는 나중에 다른 편물을 합칠 때, 예를 들면 인형에 치마를 입힐 때 종종 이용합니다.

1. 코바늘뜨기

2. 앞쪽 고리에 뜨기

3. 뒤쪽 고리에 뜨기(이랑뜨기)

남은 앞 고리에 실 추가하기

1. 편물을 거꾸로 듭니다. 남은 첫 번째 앞쪽 고리에 바늘을 넣고 실꼬리에서 10cm 정도에 접어줍니다.

2. 실을 바늘에 건 상태에서 남은 앞쪽 고리 사이로 빼냅니다.

3. 일반적으로 실을 고정하기 위해 사슬뜨기를 이어서 합니다. 도안을 따라 계속 뜹니다.

원형 뜨기 시작하기

아미구루미 조각을 뜨기 시작할 때, 작은 원형이 필요합니다. 사슬 2코 또는 매직링 중 선택하여 시작합니다.

사슬 2코로 시작

원형으로 코바늘뜨기를 시작할 때 가장 쉬운 방법은 시작코를 만든 다음, 사슬 2코를 만들고 코바늘을 두 번째 사슬코에 넣어 첫 번째 원형단(보통 짧은뜨기 6코)을 뜹니다. (바늘 위에 있는 고리는 사슬코 수를 셀 때 포함시키지 않습니다.) 이 기법의 안 좋은 점은 편물 가운데 작은 구멍이 보인다는 것입니다.

1. 시작코를 만들고 사슬코를 두 번 뜹니다.

2. 코바늘을 뜨기 시작할 코에 정확히 넣습니다.

3. 사슬코에 짧은뜨기 1코를 뜹니다.

4. 사슬코에 짧은뜨기 5코를 더 뜹니다.

매직링으로 시작

매직링으로 시작하는 방법은 뜨고 나면 단단하고 편물 가운데 작은 구멍이 남지 않습니다.

1-2. 손으로 매듭을 하여 시작하는데, 조이지는 않습니다. 사슬뜨기 1코를 뜹니다.

3-5. 고리 안에서 첫 번째 원형단(보통 짧은뜨기 6코)을 뜹니다.

6-7. 짧아진 실꼬리를 잡고 고리를 단단히 잡아당겨 마무리합니다.

나선형 뜨기

코바늘을 나선형으로 뜰 때, 원형단이 결합되거나 방향이 돌려지는 것이 아니라 다음 원형단으로 매끄럽게 이어집니다. 두 번째 원형단의 첫코는 첫 번째 원형단의 첫코에서 뜨고, 세 번째 원형단의 첫코는 두 번째 원형단의 첫코에서 뜹니다. 새로운 원형단의 시작을 표시하기 위해 단수링을 사용합니다.

기초 사슬코 주위에 코바늘뜨기

타원형 뜨기는 기초 사슬코에 코바늘뜨기를 하고 끝에서 편물을 돌려 기초 사슬코의 아래쪽에 있는 한 가닥 고리에 코바늘뜨기를 한 것입니다. 매끈한 타원형을 유지하려면 기초 사슬코의 첫코와 마지막 코에서 콧수를 늘리면 됩니다.

실 색깔 바꾸기

코바늘 편물에서 한 가지 이상의 색을 바꾸는 경우가 종종 있습니다. 보기 좋게 하기 위해서는 이전 코에서 마지막으로 바늘을 고리 사이로 빼내기 전에 실을 바꿉니다.

1. 보통 다음 코에서 코바늘뜨기를 하는데 마지막 고리 사이에서 빼내지는 않습니다.

2. 대신 편물 뒷면에서 기존 실에 새로운 실을 묶습니다.

3-4. 바늘에 새로운 실을 감고 기존 실의 두 고리 사이로 빼내서 코를 마무리합니다. 이제 새로운 실로 다음 단의 첫코를 시작할 수 있습니다.

다음에는 실 색깔을 바꿀 때마다
실을 묶지 않고 두 가지 색깔의
실을 한꺼번에 코바늘뜨기하는
방법을 설명한다!

두 가지 색의 실을 한꺼번에 뜨기

두 가지 색의 실을 한꺼번에 뜰 때는, 실 색깔을 바꿀 때마다 실을 묶지 않은 상태로 뜹니다.

1. 사용하지 않을 색깔의 실을 이전 단의 코 위에 놓습니다.

2-4. 이 실 주위에 새로운 코를 만들어 뜨면서 감쌉니다. 다시 필요할 때 다시 가져올 수 있습니다.

코바늘로 조립하기

작은 편물 조각 두 개를 조립하여 하나의 큰 편물로 만들 수 있습니다(다리 두 개를 연결하여 몸통을 시작하는 것과 같습니다). 보통은 조립할 때 편물 조각들의 모든 코를 사용하지만, 경우에 따라서는 모든 코를 사용하지 않으므로 다음 설명을 주의 깊게 확인해야 합니다.

1. 첫 번째 편물(사진에서 분홍색)은 실꼬리 20cm 남기고 실을 자릅니다. 두 번째 편물(사진에서 베이지색)은 매듭짓지 않고 계속 코바늘뜨기합니다.

2-3. 두 번째 편물(베이지색)에서 필요한 콧수만큼 코바늘뜨기한 뒤 첫 번째 편물(분홍색)을 들고 마지막으로 뜬 코의 왼쪽 첫 번째 코부터 필요한 콧수만큼 코바늘뜨기합니다.

4-6. 두 번째 편물(베이지색)에서 단 끝까지 코바늘뜨기합니다. 이제 작은 편물 두 개가 합쳐져서 새로운 더 큰 편물이 만들어졌습니다. 두 편물 사이에 있는 작은 구멍은 첫 번째 편물의 실꼬리로 바느질합니다.

편물 조각 마무리하기

나선형 코바늘뜨기에서 마지막 단의 마지막 코는 같은 단의 첫코보다 약간 높이 있습니다. 바느질을 더 쉽게 하려면 이 차이를 없애야 합니다. 다음 코에 빼뜨기하여 편물 조각을 마무리한 후 사슬뜨기를 1코 뜹니다. 바느질할 실을 충분히 남기고 실을 자른 다음, 코바늘을 사용하여 다음 코 사이로 실을 빼냅니다.

1. 마무리하기 전

2. 마무리한 후

편물의 양면을 코바늘로 막기

사슬뜨기 1코, 다음 코에 빼뜨기합니다. 그 다음에 편물을 납작하게 만들어 오른쪽에서 왼쪽으로 양면을 계속해서 뜹니다.

1. 코바늘을 모든 고리의 아래에 넣고 짧은뜨기를 합니다.

2. 필요에 따라 끝까지 또는 부분적으로만 뜹니다.

편물의 양면을 바느질로 막기

사슬뜨기 1코, 다음 코에 빼뜨기를 합니다. 매듭지어 마무리하고 다음 고리에 실꼬리를 통과시켜 빼냅니다. 돗바늘에 실을 꿰입니다.

1-2. 편물을 납작하게 만들어 위쪽에 있는 모든 고리를 통과시켜서 오른쪽에서 왼쪽으로 계속 바느질합니다.

3-4. 때로는 평평한 부분을 손가락으로 집어서 한 번 더 바느질해야 합니다(예 귀). 이런 경우에 네 겹을 모두 한꺼번에 바느질해야 합니다.

편물 끝의 구멍 막기

1. 마지막 단에서 줄이기를 여러 번하면 어떤 편물에서는 끝에 작은 구멍이 남아 있습니다.

2. 편물 끝에 남은 실꼬리를 돗바늘에 꿰입니다. 돗바늘을 마지막 단 코들의 앞쪽 고리에 각각 통과시킵니다.

3. 단의 끝까지 넣었으면, 실꼬리를 단단하게 조이고 가장 가까운 코 사이로 바늘을 넣습니다. 매듭짓고 편물 안쪽으로 실꼬리를 숨깁니다.

눈 달기

1-2. 눈은 작업과정 중 머리에 솜을 넣기 전, 와셔를 끼우기 위해 손가락이 들어갈 정도의 공간이 편물에서 아직 충분히 넓을 때 달아줍니다. 눈을 코와 코 사이 구멍에 넣고 안쪽에서 와셔를 단단히 끼웁니다. 딱 소리가 들릴 때까지 누릅니다. 와셔는 한 번 넣으면 다시 뺄 수 없으므로, 와셔를 끼우기 전에 원하는 위치에 눈이 있는지 확인하며 주의합니다.

32

바느질로 조립하기

필요에 따라 편물 두 개를 조립할 때 다른 기법을 사용합니다. 하지만 원한다면 모든 편물 조각을 같은 기법으로 조립할 수 있습니다.

명확하게 보여주기 위해 사진에서는 대조되는 색의 실로 바느질하였습니다.

머리와 몸통 조립하기

1-2. 돗바늘을 위쪽 편물의 코의 뒤에 있는 기둥에 수평으로 넣습니다.

3. 이제 두 편물을 맞대었을 때 아래쪽 편물에서 해당하는 코를 찾고, 그 코의 뒤에 있는 기둥에 바늘을 넣습니다.

4. 이 과정을 단 끝까지 바느질하며 반복합니다. 바느질하면서 실을 충분히 조였으면, 솔기가 거의 안 보일 것입니다.

몸통과 다리 조립하기

1-2. 돗바늘을 다리에서 두 코 사이로 수직으로 넣습니다.

3-4. 몸통에서 두 편물이 맞닿은 코 사이에 바늘을 넣습니다.

귀와 머리 조립하기

1-3. 귀 아래를 손가락으로 꼭 집어서 네 겹을 한꺼번에 바느질한 뒤 머리 위에 바늘을 넣습니다. 편물 반대쪽으로 바늘을 당겨서 귀 편물의 다음 고리에 넣습니다.

프렌치노트 스티치

프렌치노트는 코바늘 코 사이에 하면 사라지므로 코 위에 합니다. 프렌치노트를 수놓을 위치에서 자수바늘을 빼냅니다.

1. 바늘에 실을 3번 감으면서 왼손으로 실을 단단하게 잡아당깁니다.

2-3. 텐션이 느슨해지지 않게 주의하면서 바늘을 아래쪽으로 돌리고 편물에 넣기 시작합니다.

바늘 끝을 구멍 안에 넣고 매듭을 바늘 아래 면으로 밀어 넣습니다. 바늘을 편물 안으로 더 밀어 넣고 실을 당겨 빼냅니다.

백스티치

돗바늘에 실을 꿰입니다. 실 꿴 바늘을 코바늘 편물의 뒤에서 앞으로 넣습니다. 스트레이트 스티치를 한 번 합니다. (바늘을 한 땀 앞으로 가지고 와서 이전에 뜬 땀의 끝에 있는 같은 구멍에 다시 넣습니다.) 괄호 부분을 필요에 따라 여러 번 반복합니다.

머리카락 만들기

천사 인형(118쪽), 귀여운 엘라(80쪽), 봉제 인형 애니(138쪽)는 가발을 쓰고 있습니다. 머리카락은 무게와 텍스쳐가 다른 실로 만들 수 있습니다. 털이 많은 알파카, 모헤어, 윤이 나는 면 또는 굵고 덩어리가 섞인 섬유 등으로 다양하게 만들 수 있습니다. 가발(머리카락)을 머리에 바느질할 때는 비슷한 색의 뜨개실이나 자수실을 사용합니다. 머리카락을 땋을 수도 있고 포니테일로 만들 수도 있습니다. 만약 앞머리를 추가하고 싶다면, 머리카락을 달기 전에 앞머리를 많이 수놓으면 됩니다. 가벼운 앞머리는 나중에 수놓을 수도 있습니다.

먼저 인형 머리의 가발 길이를 측정합니다. 머리카락이 시작할 위치에서 시작하여 목에서 2cm 정도에서 끝냅니다. 인형의 키와 길이는 같고 가발보다 몇 센티 더 넓은 하드커버 책이 필요합니다.

1. 실을 책에 세로로 빙 둘러 감기 시작합니다. 실 가닥 사이에 틈이 없게 서로 밀착되게 당깁니다. 필요한 길이가 될 때까지 계속 합니다.

2-3. 실 감기가 위쪽에서 끝납니다. 실을 자르지 않고 마지막 실 가닥 뒤에 코바늘을 놓고 실을 둘러 빼냅니다. 사슬뜨기를 하나 합니다. 빼뜨기로 계속 앞으로 진행합니다. 2-5가닥 정도(실 굵기에 따라 다름) 띄워가며 진행합니다. 다른 쪽 끝까지 계속 합니다. 사슬뜨기를 하나 하고 바느질할 실꼬리를 길게 남기고 실을 자릅니다.

4. 책을 돌려(방향을 바꿔) 실 가닥을 자릅니다. 책을 뺄 때 가발이 늘어나거나 손상되지 않도록 주의합니다.

5-6. 이음새의 바깥쪽이 가발의 안쪽에 오도록 가발 둘레를 돌립니다. 인형 머리에 머리카락을 핀으로 고정시킵니다. 필요한 경우 아주 약하게 늘립니다. 머리카락을 머리에 붙일 때는 이음새를 가운데 맞추고 뒤에서 앞으로 바느질 합니다. 머리카락을 고르게 잘라서 마무리합니다.

팁

도움이 되는 도구 : 단수링

나선형으로 코바늘뜨기할 때, 각각의 단의 시작과 끝을 또렷하게 알아볼 수 없습니다. 여기서 단수링이나 자투리 실은 단의 첫코를 표시할 때 유용합니다. 각각의 새로운 단으로 단수링을 옮기면서 확인합니다.

실과 코바늘

코바늘 인형을 뜰 때 가장 중요한 재료가 실입니다. 실의 구성이 인형의 부드러움, 포근함, 내구성을 결정합니다. 코바늘뜨기에 다양한 종류의 실(면, 울, 아크릴 또는 혼합사)을 사용할 수 있습니다. 균등한 방적사로 코바늘뜨기하는 것이 더 쉽습니다. 표면이 매끄럽고 코가 잘 보이기 때문입니다. 솜털이 보송보송한 실(퍼지사)이나 모피실로 한 코바늘뜨기는 훨씬 더 복잡할 것이고, 보는 것보다는 느껴지는 각각의 콧수가 더 많을 것입니다. 실에 대해 또 하나 중요한 것은 실의 무게 또는 두께입니다. 실의 무게나 두께는 사용할 코바늘의 크기와 연관되어 있습니다. 인형을 코바늘뜨기할 경우 코바늘 크기는 실 라벨에서 추천하는 크기보다 적어도 한 치수는 작아야 한다는 규칙을 명심하세요. 크기가 작은 코바늘을 사용하는 경우 표면이 단단하면서 뻣뻣해지지만 편물은 모양을 더 잘 유지하고 편물에 채운 솜이 코 사이로 보이지 않습니다. 도안에 명시된 실보다 더 가늘거나 더 두꺼운 실을 사용하면, 선택한 실의 무게와 바늘에 따라 완성 작품의 크기는 작거나 커지게 됩니다.

어떤 솜을 사용하나요?

솜은 인형의 가벼움, 부드러움, 탄성을 결정합니다. 오래된 베개의 속이나 작은 탈지면 조각들을 사용할 수 있습니다. 폴리에스테르 인형 솜이나 양모는 더 좋은 품질을 선택할 때 고려합니다. 폴리에스테르 인형 솜은 합성 재료이므로, 알레르기 예방을 위해 심사숙고해야 합니다. 이 솜 역시 가볍과 탄성이 있으며, 쉽게 물세탁할 수 있습니다. 양모는 100% 천연 재료이고, 인터넷이나 지역 양 농부(인정하건대 고향 에스토니아에서는 훨씬 수월함)한테 살 수 있습니다. 단, 양모에 알레르기 있는 사람이 있을 수 있다는 걸 명심하세요. 다양한 재료를 시도해보고 좋아하는 재료를 찾아봅니다.

인형에 솜 넣는 방법은요?

보통은 인형의 각 부분에서 코바늘뜨기하면서 솜을 넣습니다. 머리나 몸통 같이 넓은 부분에 솜을 넣는 경우에는 반 정도 떴을 때 솜을 넣기 시작합니다. 팔이나 꼬리 같이 얇은 부분에 솜을 넣는 경우에는 작업과정에서 더 일찍 넣기 시작합니다. 손가락을 안에 넣을 수 없을 정도로 매우 얇은 부분에 솜을 넣는 경우에는 코바늘 뒷부분을 이용합니다. 팔은 솜을 위쪽에 폭신하게 넣어야 더 자연스럽습니다. 다리의 윗부분에는 솜을 덜 단단하게 넣어야 앉는 자세를 하기가 쉽습니다. 팔의 윗부분에 솜을 덜 단단하게 넣었을 때 팔이 몸통의 옆면에 평평하게 놓일 수 있습니다. 일반적으로 처음에는 보는 것보다 넣을 솜이 훨씬 더 많이 필요합니다. 인형에 솜을 충분히 넣지 않으면, 시간이 지나면서 축 처지는 경향이 있습니다. 그렇다고 너무 많이 넣으면, 코들이 과하게 팽창되어 코 사이로 솜이 보일 수 있습니다.

어떤 눈을 선택하나요?

동물 인형이나 (사람) 인형의 눈은 소재가 다양합니다. 이 책에서는 32쪽에서 설명한 끼울 수 있는 전문적이고 안전한 눈을 대부분 사용했습니다. 안전한 눈은 다양한 크기와 색깔로 이용할 수 있습니다. 눈으로 진주 비즈나 단추를 사용할 수도 있습니다. 눈으로 코바늘뜨기나 자수나 펠트 조각도 사용할 수 있으며, 이런 경우 풀이나 바느질로 고정합니다. 이런 모든 눈들은 인형에게 다양한 표정을 짓게 하고 특징을 만드는 데 도움을 줍니다.

얼굴에 바느질할 때는 어떤 실을 사용하나요?

얼굴의 이목구비(코, 입, 눈썹 등)를 수놓기 위해 바느질실이나 뜨개실이 필요합니다. 아이리시 실, 명주실로 수놓거나 평범한 실로 수놓을 수 있습니다. 아이리시 실은 좀 작은 인형과 미세한 세부 사항을 수놓을 때 사용합니다. 좀 큰 인형과 두꺼운 선을 수놓을 때는 뜨개실을 사용합니다. 명주실로 수놓을 때는 실 가닥수를 조절하여 두껍거나 얇은 세부 사항을 묘사합니다.

바느질로 조립하기

인형 바느질 조립은 편물 조각물을 다 뜨고 실꼬리를 길게 남겨주면 더 쉽게 할 수 있습니다. 머리와 몸통은 몸통에 있는 실꼬리로 바느질합니다. 발은 자체에 딸린 실꼬리 등으로 몸통에 붙입니다. 안전하게 하기 위해 모든 실꼬리를 매듭지어 인형 안쪽에 숨기면서 조심스럽게 고정시켜야 합니다. 만약 단추, 리본 또는 다른 아주 작은 소품을 사용한다면, 바느질을 단단히 하도록 신경 쓰지 마세요.

조각 배치

보통 편물 조각들(머리, 몸통, 팔 등)은 끝 부분이 열려 있습니다. 그 편물 조각들은 바느질로 조립합니다. 머리의 아랫부분과 몸통의 윗부분을 연결한 이음매는 목선이 됩니다. 어떤 경우에는 머리 부분이 막혀 있을 수 있습니다. 이때는 머리를 몸통의 끝 열린 부분의 적절한 위치에 놓으면 됩니다. 팔, 꼬리 등 다른 편물 조각들의 위치는 원하는 대로 하면 됩니다. 만족스러운 위치를 찾기 위해 처음에는 각 편물 조각을 핀으로 고정하고 마음에 들면 바느질로 조립합니다. 만약 인형이 앉아 있는 형태를 원한다면, 다리를 몸통에서 앞쪽에 놓고 바느질합니다. 팔은 목선 또는 더 낮은 곳 중 원하는 위치에 바느질합니다.

난이도

이 책에 있는 작품은 난이도를 세 가지로 구분하여 각 작품의 처음에 표시해두었습니다. 기본 뜨개 기법을 아는 사람들에게 어려운 작품은 없을 것입니다. 난이도 표시는 아미구루미 코바늘뜨기를 전혀 해보지 않은 사람이나 코바늘뜨기를 여전히 배우는 일반적인 사람들에게 훨씬 더 유용합니다.

초급 ★☆☆ : 초보자에게 적합합니다. 한 가지 뜨개 기법을 주로 사용하고, 편물 조각의 수가 적으며 조립이 복잡하지 않습니다.

중급 ★★☆ : 코바늘 작품을 몇 가지 만들어본 경험이 있는 사람에게 적합합니다. 다양한 기법을 사용하고, 편물 조각들이 많으며 조립할 때 촘촘함이 조금 필요합니다.

고급 ★★★ : 여러 가지 기법을 두려워하지 않는 코바늘뜨기에 능숙한 사람에게 적합합니다. 편물 조각이 크거나 작업하는 데 시간이 많이 걸리며 조립할 때 촘촘함이 요구됩니다.

도안 보는 방법

도안은 쉽고 간결합니다. 코바늘뜨기 도안은 뜨기할 순서대로 나열되어 있습니다. 도안에는 편물 조각에 솜을 넣는 방법과 조립에 대한 설명도 있습니다. 코바늘뜨기는 다르게 설명된 경우를 제외하고는 나선형으로 뜹니다. 모든 단을 숫자로 표현하여 단을 쉽게 찾을 수 있습니다.

도안 설명 예시

짧은뜨기 3코 : 1코마다 짧은뜨기 1코씩 3번

짧은 2코 넣어뜨기 : 1코에 짧은뜨기 2코, 코 증가

짧은 2코 모아뜨기 : 2코를 함께 짧은뜨기, 코 감소

(…)×6번 : ( ) 안의 내용을 6번 반복

[24] : 대괄호 안의 숫자는 그 단의 최종 콧수

사랑스러운 손뜨개 인형

세바스찬

세바스찬은 뛰기, 미끄러지기, 올라가기를
좋아하는 소년이 아니에요. 세바스찬은 늘
말하기를 좋아했고 알파벳을 배운 후로는
독서가 가장 좋아하는 취미가 되었죠.
동네아이들과 모래밭에서 삽과 양동이를 놓고
싸우기 보다는 어른들과 함께 식탁에 둘러앉아
어른들이 삶에 대해 하는 이야기를 듣는 걸
좋아해요.

난이도 : ★★★

사용 기법 : 짧은뜨기, 긴뜨기

완성 크기 : 25cm

재료

- ✔ 뜨개실(면, 50g/105m) : 흰색, 회색, 진회색, 하늘색, 노란색
- ✔ 머리카락용 면실(50g/180m)
- ✔ 코바늘 3mm(5호)
- ✔ 솜
- ✔ 눈 8mm
- ✔ 하늘색 펠트(눈)
- ✔ 자수용 실 : 검은색(입)
- ✔ 단추 2개(13mm)
- ✔ 자수용 바늘
- ✔ 돗바늘
- ✔ 철사 50-60cm(안경)
- ✔ 펜치(안경)
- ✔ 선택 : 화장 솔 또는 분홍색 밀랍(뺨)

머리 (흰색, 1개)

위에서 아래로 코바늘뜨기한다. 손가락에 감아 원형코 만들기로 시작한다(매직링).

1단 : 짧은뜨기 6코 [6]

2단 : 짧은 2코 넣어뜨기×6번 [12]

3단 : (짧은뜨기 1코, 짧은 2코 넣어뜨기)×6번 [18]

4단 : (짧은뜨기 2코, 짧은 2코 넣어뜨기)×6번 [24]

5단 : (짧은뜨기 3코, 짧은 2코 넣어뜨기)×6번 [30]

6단 : (짧은뜨기 4코, 짧은 2코 넣어뜨기)×6번 [36]

7단 : (짧은뜨기 5코, 짧은 2코 넣어뜨기)×6번 [42]

8단 : (짧은뜨기 6코, 짧은 2코 넣어뜨기)×6번
[48]

9단 : (짧은뜨기 7코, 짧은 2코 넣어뜨기)×6번
[54]

10단 : (짧은뜨기 8코, 짧은 2코 넣어뜨기)×6번
[60]

11−23단 : 짧은뜨기 60코 [60]

하늘색 펠트로 눈 2개를 자른다. 눈에 하늘색 펠트를 끼운 다음 15단과 16단 사이에 7코 간격을 두고 넣는다. 눈이 대칭이 되는지 확인한다. 와셔를 끼워 눈을 고정시킨다.

24단 : (짧은뜨기 8코, 짧은 2코 모아뜨기)×6번
[54]

25단 : (짧은뜨기 7코, 짧은 2코 모아뜨기)×6번
[48]

26단 : (짧은뜨기 6코, 짧은 2코 모아뜨기)×6번
[42]

27단 : (짧은뜨기 5코, 짧은 2코 모아뜨기)×6번
[36]

머리에 솜을 단단하게 넣고 뜨면서 솜을 계속 채운다.

28단 : (짧은뜨기 4코, 짧은 2코 모아뜨기)×6번
[30]

29단 : (짧은뜨기 3코, 짧은 2코 모아뜨기)×6번
[24]

30단 : (짧은뜨기 2코, 짧은 2코 모아뜨기)×6번
[18]

실을 자르고 실 끝을 편물 사이로 숨겨 마무리한다. 코를 17단과 18단 사이에 흰색 실로, 입은 23단과 24단 사이에 검은색 실로 수놓는다.

머리카락을 수놓는다. 뺨에 화장 솔이나 분홍색 밀랍으로 볼터치를 아주 약간 한다.

귀 (흰색, 2개)

손가락에 감아 원형코 만들기로 시작한다(매직링).

1단 : 짧은뜨기 6코 [6]

2단 : 사슬뜨기 1코, 같은 코에 짧은뜨기 1코, 짧은 2코 넣어뜨기, 짧은뜨기 2코, 짧은 2코 넣어뜨기, 짧은뜨기 1코 [8]

바느질할 실꼬리를 길게 남기고 자른 뒤 머리 19
−21단 사이에, 눈에서 손가락 2개만큼 간격을
두고 귀를 바느질한다.

모자 (회색, 1개)

손가락에 감아 원형코 만들기로 시작한다(매직
링).

1단 : 긴뜨기 9코 [9]

2단 : 긴 2코 넣어뜨기×9번 [18]

3단 : (긴뜨기 1코, 긴 2코 넣어뜨기)×9번 [27]

4단 : (긴뜨기 2코, 긴 2코 넣어뜨기)×9번 [36]

5단 : (긴뜨기 3코, 긴 2코 넣어뜨기)×9번 [45]

6단 : (긴뜨기 4코, 긴 2코 넣어뜨기)×9번 [54]

7−10단 : 긴뜨기 54코 [54]

11단 : 짧은뜨기 19코. 모자의 챙을 만들기 위해
긴뜨기 1코, 긴 2코 넣어뜨기×14코, 긴뜨기 1
코, 짧은뜨기 19코 [68]

12단 : 짧은뜨기 68코 [68]

바느질할 실꼬리를 길게 남기고 자른 뒤 머리 뒤
쪽에서 4−5단을 띄우고 모자를 약간 기울여 위
치를 잡는다. 모자를 머리에 바느질하는데, 챙은
꿰매지 않도록 주의한다.

다리와 몸통 (1개, 흰색+진회색+하늘색+노란색)

아래에서 위로 하나의 편물로 코바늘뜨기한다.
다리 두 개로 시작하여 몸통으로 이어서 뜬다.

흰색 실로, 손가락에 감아 원형코 만들기로 시작
한다(매직링).

1단 : 짧은뜨기 6코 [6]

2단 : 짧은 2코 넣어뜨기×6번 [12]

3단 : (짧은뜨기 1코, 짧은 2코 넣어뜨기)×6번
[18]

4단 : (짧은뜨기 5코, 짧은 2코 넣어뜨기)×3번
[21]

5단 : 뒤쪽 고리에만, 짧은이랑뜨기 21코 [21]

6−12단 : 짧은뜨기 21코 [21]

13−14단 : **진회색** 실로, 짧은뜨기 21코 [21]

첫 번째 다리에서 바느질할 실꼬리를 길게 남기
고 자른 뒤 이 다리는 옆에 두고 두 번째 다리도
1−14단까지 도안대로 코바늘뜨기한다. 두 번째
다리에서는 실을 자르지 않고, 몸통으로 계속 이
어서 뜬다.

15단 : 이 단에서 다리를 합친다.
사슬뜨기 6코, 첫 번째 다리에서 짧은뜨기 21
코, 사슬뜨기 6코, 두 번째 다리에서 짧은뜨기
21코 [54]

16단 : 짧은뜨기 54코 [54]

첫 번째 다리에서 남겨둔 실꼬리로 다리 사이에
있는 구멍을 바느질하여 막는다.

17−28단 : 짧은뜨기 54코 [54]

다리에 솜을 넣고 뜨면서 솜을 계속 채운다.

하늘색 실과 노란색 실을 2단씩 번갈아가며 떠서 줄무늬 패턴을 만든다.

29단 : 뒤쪽 고리에만, 짧은이랑뜨기 54코 [54]

30단 : (짧은뜨기 7코, 짧은 2코 모아뜨기)×6번 [48]

31단 : 짧은뜨기 48코 [48]

32단 : (짧은뜨기 6코, 짧은 2코 모아뜨기)×6번 [42]

33-34단 : 짧은뜨기 42코 [42]

35단 : (짧은뜨기 5코, 짧은 2코 모아뜨기)×6번 [36]

36-37단 : 짧은뜨기 36코 [36]

38단 : (짧은뜨기 4코, 짧은 2코 모아뜨기)×6번 [30]

39단 : 짧은뜨기 30코 [30]

40단 : (짧은뜨기 3코, 짧은 2코 모아뜨기)×6번 [24]

41단 : 짧은뜨기 24코 [24]

42단 : (짧은뜨기 2코, 짧은 2코 모아뜨기)×6번 [18]

43-44단 : 흰색 실로, 짧은뜨기 18코 [18]

바느질할 실꼬리를 길게 남기고 자른 뒤 몸통에서 색이 바뀌는 부분을 뒷면으로 해서 머리를 몸통에 바느질한다.

팔 (2개, 흰색+하늘색+노란색)

- -

흰색 실을, 손가락에 감아 원형코 만들기로 시작한다(매직링).

1단 : 짧은뜨기 6코 [6]

2단 : 짧은 2코 넣어뜨기×6번 [12]

3단 : (짧은뜨기 1코, 짧은 2코 넣어뜨기)×6번 [18]

4단 : 뒤쪽 고리에만, 짧은이랑뜨기 18코 [18]

5-6단 : 짧은뜨기 18코 [18]

7단 : (짧은뜨기 4코, 짧은 2코 모아뜨기)×3번
　　　[15]

8단 : 짧은뜨기 15코 [15]

팔에 솜을 넣고 뜨면서 솜을 계속 채운다. 팔의
윗부분에는 솜을 좀 가볍게 넣는다.

하늘색 실과 노란색 실을 2단씩 번갈아가며 떠서
줄무늬 패턴을 만든다.

9단 : 짧은뜨기 15코 [15]

10단 : 짧은뜨기 13코, 짧은 2코 모아뜨기 [14]

11단 : 짧은뜨기 14코 [14]

12단 : 짧은뜨기 6코, 짧은 2코 모아뜨기, 짧은뜨
　　　기 6코 [13]

13단 : 짧은뜨기 13코 [13]

14단 : 짧은뜨기 11코, 짧은 2코 모아뜨기 [12]

15단 : 짧은뜨기 12코 [12]

16단 : 짧은뜨기 5코, 짧은 2코 모아뜨기, 짧은뜨
　　　기 5코 [11]

17단 : 짧은뜨기 11코 [11]

18단 : 짧은뜨기 9코, 짧은 2코 모아뜨기 [10]

19단 : 짧은뜨기 10코 [10]

다음 단은 팔을 납작하게 만들고 두 겹을 통과시
켜 코바늘뜨기한다.

20단 : 짧은뜨기 5코 [5]

바느질할 실꼬리를 길게 남기고 자른 뒤 스웨터
의 목선쯤 몸통의 양옆에 팔을 바느질한다.

진회색 실을 사용하여 멜빵을 만든다. 몸통 29단
뒷면에서 바지 앞면까지 사슬뜨기를 충분히 길게
한다. 두 번째 멜빵은 몇 코 떨어져서 뜬다. 뒷면
에서 멜빵을 교차시킨다. 앞쪽에서 각 자리에 꿰
맨 다음 실 끝을 편물 사이로 숨긴다.

앞쪽에 멜빵과 바지가 연결되는 자리에 단추를
두 개 달아준다.

안경

철사를 50−60cm 길이로 자른다. 10cm를 건너
뛰고 철사를 둥근 물체에 감아서 첫 번째 렌즈를
만든다. 둥근 물체를 빼서 몇 cm 띄우고 두 번
째 렌즈를 만든다. 양쪽의 철사를 구부려서 안경
다리를 만든다. 남은 철사를 잘라낸다. 안경다리
끝을 구부려서 이어피스를 만든 다음 안경을 쓴
것처럼 인형의 귀에 건다(또는 머리 안으로 숨긴
다).

아기 꿀벌

쉿, 아기 꿀벌이 자고 있어요. 아기 꿀벌은 기어
다니고, 쓰러지고, 잡고, 빨고, 웃느라 많이
지쳤어요. 수면이 좀 필요하죠. 그래야 행복하고
상쾌하게 깨어나서 다시 기어오르고, 넘어지고,
붙잡고, 빨고, 웃기를 시작할 수 있어요.

난이도 : ★ ☆ ☆

사용 기법 : 짧은뜨기, 빼뜨기

완성 크기 : 16cm

재료

- ✔ 뜨개실(면, 50g/105m) : 흰색, 노란색, 검은색, 하늘색
- ✔ 머리카락용 울실(50g/100m)
- ✔ 코바늘 3mm(5호)
- ✔ 솜
- ✔ 자수용 실 : 검은색(얼굴)
- ✔ 돗바늘

머리 (1개, 흰색)

위에서 아래로 코바늘뜨기한다. 손가락에 감아 원형코 만들기로 시작한다(매직링).

1단 : 짧은뜨기 6코 [6]

2단 : 짧은 2코 넣어뜨기×6번 [12]

3단 : (짧은뜨기 1코, 짧은 2코 넣어뜨기)×6번 [18]

4단 : (짧은뜨기 2코, 짧은 2코 넣어뜨기)×6번 [24]

5단 : (짧은뜨기 3코, 짧은 2코 넣어뜨기)×6번 [30]

6단 : (짧은뜨기 4코, 짧은 2코 넣어뜨기)×6번 [36]

7단 : (짧은뜨기 5코, 짧은 2코 넣어뜨기)×6번 [42]

8-16단 : 짧은뜨기 42코 [42]

17단 : (짧은뜨기 5코, 짧은 2코 모아뜨기)×6번
[36]

18단 : (짧은뜨기 4코, 짧은 2코 모아뜨기)×6번
[30]

19단 : (짧은뜨기 3코, 짧은 2코 모아뜨기)×6번
[24]

머리에 솜을 단단하게 넣고 뜨면서 솜을 계속 채
운다.

20단 : (짧은뜨기 2코, 짧은 2코 모아뜨기)×6번
[18]

21단 : (짧은뜨기 1코, 짧은 2코 모아뜨기)×6번
[12]

22단 : 짧은 2코 모아뜨기×6번 [6]

실꼬리를 길게 남기고 자른 뒤 실꼬리를 돗바늘에
꿰고 남은 코의 앞쪽 고리에 통과시켜 단단하게
조여 막는다. 실 끝은 편물 사이로 숨긴다.

모자 (1개, 노란색)

- -

손가락에 감아 원형코 만들기로 시작한다(매직
링).

1단 : 짧은뜨기 6코 [6]

2단 : 짧은 2코 넣어뜨기×6번 [12]

3단 : (짧은뜨기 1코, 짧은 2코 넣어뜨기)×6번
[18]

4단 : (짧은뜨기 2코, 짧은 2코 넣어뜨기)×6번
[24]

5단 : (짧은뜨기 3코, 짧은 2코 넣어뜨기)×6번
[30]

6단 : (짧은뜨기 4코, 짧은 2코 넣어뜨기)×6번
[36]

7단 : (짧은뜨기 5코, 짧은 2코 넣어뜨기)×6번
[42]

8-17단 : 짧은뜨기 42코 [42]

바느질할 실꼬리를 길게 남기고 자른 뒤 머리 위
에 모자의 위치를 잡고 바느질한다.

더듬이 (2개, 검은색)

- -

1단 : 사슬뜨기 8코, 바늘에서 두 번째 사슬코에
서 시작, 빼뜨기 7코 [7]

바느질할 실꼬리를 길게 남기고 자른 뒤 모자에
더듬이를 바느질한다.

머리카락을 수놓는다. 검은색 실로 눈과 입을 수
놓는다.

12단 : (짧은뜨기 4코, 짧은 2코 모아뜨기)×6번 [30]

13-14단 : 짧은뜨기 30코 [30]

15단 : (짧은뜨기 3코, 짧은 2코 모아뜨기)×6번 [24]

16단 : 짧은뜨기 24코 [24]

몸통에 솜을 단단히 넣고 뜨면서 솜을 계속 채운다.

17단 : (짧은뜨기 2코, 짧은 2코 모아뜨기)×6번 [18]

18단 : 짧은뜨기 18코 [18]

19단 : (짧은뜨기 4코, 짧은 2코 모아뜨기)×3번 [15]

바느질할 실꼬리를 길게 남기고 자른 뒤 머리를 몸통에 바느질한다.

다리 (2개, 흰색+검은색)

흰색 실로, 손가락에 감아 원형코 만들기로 시작한다(매직링).

1단 : 짧은뜨기 6코 [6]

2단 : 짧은 2코 넣어뜨기×6번 [12]

3-4단 : 짧은뜨기 12코 [12]

5단 : (짧은뜨기 4코, 짧은 2코 모아뜨기)×2번 [10]

6-7단 : 짧은뜨기 10코 [10]

다리에 솜을 넣는다. 윗부분에는 솜을 넣지 않는다.

8-11단 : **검은색** 실로, 짧은뜨기 10코 [10]

다음 단은 다리를 납작하게 만들고 두 겹을 통과시켜 코바늘뜨기한다.

12단 : 짧은뜨기 5코 [5]

바느질할 실꼬리를 길게 남기고 자른 뒤 다리를 몸통 8단과 9단에, 몸통에 밀착되도록 몸통의 양쪽에 꿰맨다.

몸통 (1개, 검은색+노란색)

아래에서 위로 코바늘뜨기한다. **검은색** 실로, 손가락에 감아 원형코 만들기로 시작한다(매직링).

1단 : 짧은뜨기 6코 [6]

2단 : 짧은 2코 넣어뜨기×6번 [12]

3단 : (짧은뜨기 1코, 짧은 2코 넣어뜨기)×6번 [18]

4단 : (짧은뜨기 2코, 짧은 2코 넣어뜨기)×6번 [24]

5단 : (짧은뜨기 3코, 짧은 2코 넣어뜨기)×6번 [30]

6단 : (짧은뜨기 4코, 짧은 2코 넣어뜨기)×6번 [36]

7-9단 : 짧은뜨기 36코 [36]

노란색 실과 **검은색** 실을 2단씩 번갈아가며 떠서 줄무늬 패턴을 만든다.

10-11단 : 짧은뜨기 36코 [36]

팔 (2개, 흰색+노란색)

흰색 실로, 손가락에 감아 원형코 만들기로 시작한다(매직링).

1단 : 짧은뜨기 9코 [9]

2-7단 : 짧은뜨기 9코 [9]

팔에 솜을 넣는다. 윗부분에는 솜을 넣지 않는다.

8-10단 : 노란색 실로, 짧은뜨기 9코 [9]

11단 : 짧은뜨기 7코, 짧은 2코 모아뜨기 [8]

다음 단은 팔을 납작하게 만들고 두 겹을 통과시켜 코바늘뜨기한다.

12단 : 짧은뜨기 4코 [4]

바느질할 실꼬리를 남기고 자른 뒤 몸통 위에서 첫 번째 단의 양쪽에 팔을 꿰맨다.

날개 (2개, 하늘색)

손가락에 감아 원형코 만들기로 시작한다(매직링).

1단 : 짧은뜨기 6코 [6]

2단 : 짧은 2코 넣어뜨기×6번 [12]

3단 : (짧은뜨기 1코, 짧은 2코 넣어뜨기)×6번 [18]

4단 : 짧은뜨기 18코 [18]

5단 : (짧은뜨기 2코, 짧은 2코 넣어뜨기)×6번 [24]

6-8단 : 짧은뜨기 24코 [24]

9단 : (짧은뜨기 6코, 짧은 2코 모아뜨기)×3번 [21]

10단 : 짧은뜨기 21코 [21]

11단 : (짧은뜨기 5코, 짧은 2코 모아뜨기)×3번 [18]

12단 : 짧은뜨기 18코 [18]

13단 : (짧은뜨기 4코, 짧은 2코 모아뜨기)×3번 [15]

14단 : 짧은뜨기 15코 [15]

15단 : (짧은뜨기 3코, 짧은 2코 모아뜨기)×3번 [12]

16단 : 짧은뜨기 12코 [12]

17단 : (짧은뜨기 1코, 짧은 2코 모아뜨기)×4번 [8]

다음 단은 날개를 납작하게 만들고 두 겹을 통과시켜 코바늘뜨기한다. 날개에는 솜을 넣지 않는다.

18단 : 짧은뜨기 4코 [4]

바느질할 실꼬리를 길게 남기고 자른 뒤 날개를 몸통의 뒷면 위쪽에 바느질한다.

관심사와 취미가 약간 다르긴 하지만,
비앙카와 아라벨라는 유치원 때부터 가장
친한 친구였어요. 비앙카와 아라벨라는
비앙카의 집에 비밀의 아지트를 두고
있죠. 아지트에서 서로의 비밀과 소원을
공유하고 삶에 있어서 꿈을 따르도록 서로
용기를 북돋워줘요.

아라벨라

아벨라는 아침에 눈을 뜨면, 제일 먼저 "오늘은
무엇을 입을까?"를 생각해요. 옷을 입고
거울 앞에서 빙빙 도는 것을 즐기죠. 오늘은
피치핑크 원피스와 프릴이 달린 흰색 레깅스를
선택했어요. 신발을 정하기 어려웠지만 드디어
하늘색 신발을 골랐어요. 운 좋게 오늘은
엄마가 계셔서 아라벨라의 포니테일 주위에
멋진 물방울무늬 리본을 묶을 수 있어요.

난이도 : ★★★

사용 기법 : 빼뜨기, 짧은뜨기, 긴뜨기,
　　　　　　한길긴뜨기, 뒤걸어 짧은뜨기

완성 크기 : 35 cm

재료

- ✔ 뜨개실(면, 50 g/85 m) : 베이지색, 검은색,
  흰색, 피치핑크, 하늘색
- ✔ 코바늘 3 mm(5호)
- ✔ 솜
- ✔ 눈 16 mm
- ✔ 자수용 실 : 검은색(입, 눈썹)
- ✔ 돗바늘
- ✔ 리본
- ✔ 선택 : 화장 솔 또는 분홍색 밀랍(뺨)

머리 (1개, 베이지색)

위에서 아래로 코바늘뜨기한다.

1단 : 짧은뜨기 6코 [6]

2단 : 짧은 2코 넣어뜨기×6번 [12]

3단 : (짧은뜨기 1코, 짧은 2코 넣어뜨기)×6번
[18]

4단 : (짧은뜨기 2코, 짧은 2코 넣어뜨기)×6번
[24]

5단 : (짧은뜨기 3코, 짧은 2코 넣어뜨기)×6번
[30]

6단 : (짧은뜨기 4코, 짧은 2코 넣어뜨기)×6번
[36]

7단 : (짧은뜨기 5코, 짧은 2코 넣어뜨기)×6번
[42]

8단 : (짧은뜨기 6코, 짧은 2코 넣어뜨기)×6번
[48]

9단 : (짧은뜨기 7코, 짧은 2코 넣어뜨기)×6번 [54]

10−21단 : 짧은뜨기 54코 [54]

눈을 17단과 18단 사이에 12코 간격을 두고 넣는다. 와셔를 끼워 눈을 고정시킨다.

22단 : (짧은뜨기 7코, 짧은 2코 모아뜨기)×6번 [48]

23단 : (짧은뜨기 6코, 짧은 2코 모아뜨기)×6번 [42]

24단 : (짧은뜨기 5코, 짧은 2코 모아뜨기)×6번 [36]

머리에 솜을 단단히 넣고 뜨면서 솜을 계속 채운다.

25단 : (짧은뜨기 4코, 짧은 2코 모아뜨기)×6번 [30]

26단 : (짧은뜨기 3코, 짧은 2코 모아뜨기)×6번 [24]

27단 : (짧은뜨기 2코, 짧은 2코 모아뜨기)×6번 [18]

실을 자른 뒤 실 끝을 편물 사이로 숨겨 마무리한다.

머리카락 (1개, 검은색)

손가락에 감아 원형코 만들기로 시작한다(매직링).

1단 : 짧은뜨기 6코 [6]

2단 : 짧은 2코 넣어뜨기×6번 [12]

3단 : (짧은뜨기 1코, 짧은 2코 넣어뜨기)×6번 [18]

4단 : (짧은뜨기 2코, 짧은 2코 넣어뜨기)×6번 [24]

5단 : (짧은뜨기 3코, 짧은 2코 넣어뜨기)×6번 [30]

6단 : (짧은뜨기 4코, 짧은 2코 넣어뜨기)×6번 [36]

7단 : (짧은뜨기 5코, 짧은 2코 넣어뜨기)×6번 [42]

8단 : (짧은뜨기 6코, 짧은 2코 넣어뜨기)×6번 [48]

9단 : (짧은뜨기 7코, 짧은 2코 넣어뜨기)×6번 [54]

10−18단 : 짧은뜨기 54코 [54]

19단 : 빼뜨기 1코, 사슬뜨기 1코. 같은 코에서 시작, 짧은뜨기 10코, (사슬뜨기 25코, 바늘에서 두 번째 코에서 시작하여 짧은뜨기 24코, 빼뜨기 1코)×3번, (짧은뜨기 1코, 긴뜨기 1코, 한길긴 2코 넣어뜨기)×2번, 긴뜨기 1코)×5번, 짧은뜨기 1코, (사슬뜨기 25코, 바늘에서 두 번째 코에서 시작하여 짧은뜨기 24코, 빼뜨기 1코)×3번, 짧은뜨기 11코, 첫코에 빼뜨기 1코

바느질할 실꼬리를 길게 남기고 자른다.

머리 앞쪽에 앞머리를 대칭으로 하여 머리카락의 위치를 잡는다. 머리 뒤쪽에서는 머리카락이 목에 가까워야 한다. 필요하다면, 머리카락이 머리에 꼭 맞을 때까지 머리에 솜을 조금 더 채운다. 머리카락을 꿰맨다.

검은색 자수용 실로 입과 눈썹을 수놓는다. 리본으로 머리카락을 묶는다. 뺨에 화장 솔이나 분홍색 밀랍으로 볼터치를 아주 약간 한다.

몸통 (1개, 흰색+피치핑크+베이지색)

- -

아래에서 위로 코바늘뜨기한다.

흰색 실로, 손가락에 감아 원형코 만들기로 시작한다(매직링).

1단 : 짧은뜨기 6코 [6]

2단 : 짧은 2코 넣어뜨기×6번 [12]

3단 : (짧은뜨기 1코, 짧은 2코 넣어뜨기)×6번 [18]

4단 : (짧은뜨기 2코, 짧은 2코 넣어뜨기)×6번 [24]

5단 : (짧은뜨기 3코, 짧은 2코 넣어뜨기)×6번 [30]

6단 : (짧은뜨기 4코, 짧은 2코 넣어뜨기)×6번 [36]

7단 : (짧은뜨기 5코, 짧은 2코 넣어뜨기)×6번 [42]

8-10단 : 짧은뜨기 42코 [42]

11단 : **피치핑크** 실로, 짧은뜨기 42코 [42]

12단 : 뒤쪽 고리에만, 짧은이랑뜨기 42코 [42]

13단 : (짧은뜨기 5코, 짧은 2코 모아뜨기)×6번 [36]

14-16단 : 짧은뜨기 36코 [36]

17단 : (짧은뜨기 4코, 짧은 2코 모아뜨기)×6번 [30]

18-20단 : 짧은뜨기 30코 [30]

몸통에 솜을 넣고 뜨면서 솜을 계속 채운다. 몸통에 솜이 아주 단단히 채워져 있는지 확인해야 한다.

21단 : (짧은뜨기 3코, 짧은 2코 모아뜨기)×6번 [24]

22-23단 : 짧은뜨기 24코 [24]

24단 : **베이지색** 실로, (짧은뜨기 2코, 짧은 2코 모아뜨기)×6번 [18]

25단 : 짧은뜨기 18코 [18]

바느질할 실꼬리를 길게 남기고 자른다.

치마 (1개, 피치핑크)

- -

몸통의 열린 부분을 몸 쪽으로 하고 12단의 남은 앞쪽 고리에서 몸통 주위 가장자리를 코바늘뜨기한다.

1단 : 바늘에 새 실을 걸어와 사슬뜨기 2코, 같은 코에 한길긴 2코 넣어뜨기, (한길긴 3코 넣어뜨기, 한길긴 2코 넣어뜨기)×20번, 마지막 코에 한길긴 3코 넣어뜨기, 첫 번째 한길긴뜨기에 빼뜨기 [105]

2-4단 : 사슬뜨기 2코, 같은 코에서 시작하여 한길긴뜨기 105코, 첫 번째 한길긴뜨기에 빼뜨기 [105]

실을 자른 뒤 실 끝을 편물 사이로 숨겨 마무리한다. 머리를 몸통에 바느질한다.

다리 (2개, 베이지색+흰색)

베이지색 실로, 손가락에 감아 원형코 만들기로 시작한다(매직링).

1단 : 짧은뜨기 6코 [6]

2단 : 짧은 2코 넣어뜨기×6번 [12]

3단 : (짧은뜨기 1코, 짧은 2코 넣어뜨기)×6번 [18]

4단 : (짧은뜨기 2코, 짧은 2코 넣어뜨기)×6번 [24]

5-7단 : 짧은뜨기 24코 [24]

8단 : 짧은뜨기 8코, (짧은 2코 모아뜨기, 짧은뜨기 1코)×2번, 짧은 2코 모아뜨기, 짧은뜨기 8코 [21]

9단 : 짧은뜨기 21코 [21]

10단 : 짧은뜨기 7코, (짧은 2코 모아뜨기, 짧은뜨기 1코)×2번, 짧은 2코 모아뜨기, 짧은뜨기 6코 [18]

11-12단 : 짧은뜨기 18코 [18]

다리에 솜을 넣고 뜨면서 솜을 계속 채운다. 윗부분에는 솜을 덜 넣어 다리를 연결한다.

13단 : 짧은뜨기 5코, (짧은 2코 모아뜨기, 짧은뜨기 1코)×2번, 짧은 2코 모아뜨기, 짧은뜨기 5코 [15]

14-15단 : 짧은뜨기 15코 [15]

16단 : (짧은뜨기 3코, 짧은 2코 모아뜨기)×3번 [12]

17−19단 : 짧은뜨기 12코 [12]

20단 : 흰색 실로, 짧은뜨기 12코 [12]

21단 : 뒤쪽 고리에만, 짧은이랑뜨기 12코 [12]

22−35단 : 짧은뜨기 12코 [12]

36단 : (짧은뜨기 2코, 짧은 2코 모아뜨기)×3번 [9]

바느질할 실꼬리를 길게 남기고 자른 뒤 레깅스에서 21단 앞쪽 고리에 프릴을 코바늘뜨기한다. 발바닥이 몸 쪽으로 향하게 잡고 바늘에 흰색 실을 걸어 뜬다.

1단 : (사슬뜨기 2코, 빼뜨기 1코)×12번

실을 자르고 실 끝을 편물 사이로 숨겨 마무리한다.

신발 (2개, 하늘색)

- -

손가락에 감아 원형코 만들기로 시작한다(매직링).

1단 : 사슬뜨기 2코, 한길긴뜨기 12코, 첫 번째 한길긴뜨기에 빼뜨기 [12]

2단 : 사슬뜨기 2코, 한길긴 2코 넣어뜨기×12번, 첫코에 빼뜨기 [24]

3단 : 사슬뜨기 1코, 뒤걸어 짧은뜨기×24번, 첫코에 빼뜨기 [24]

4단 : 사슬뜨기 2코, 한길긴뜨기 24코, 첫코에 빼뜨기 [24]

5단 : 사슬뜨기 1코, 짧은뜨기 8코, (짧은 2코 모아뜨기, 짧은뜨기 1코)×2번, 짧은 2코 모아뜨기, 짧은뜨기 8코, 첫코에 빼뜨기 [21]

6단 : 사슬뜨기 1코, 짧은뜨기 5코. 사슬뜨기 10코. 신발을 신기고 왼쪽으로 11코를 세고 시작, 짧은뜨기 5코, 첫코에 빼뜨기

바느질할 실꼬리를 길게 남기고 자른 뒤 신발을 발에 바느질한다. 다리를 몸통 아래쪽에서 세 단을 띄우고 붙인다.

팔 (2개, 베이지색+피치핑크)

- -

베이지색 실로, 손가락에 감아 원형코 만들기로
시작한다(매직링).

1단 : 짧은뜨기 6코 [6]

2단 : 짧은 2코 넣어뜨기×6번 [12]

3-4단 : 짧은뜨기 12코 [12]

5단 : 짧은뜨기 5코, 짧은 2코 모아뜨기, 짧은뜨
　　기 5코 [11]

6단 : 짧은뜨기 9코, 짧은 2코 모아뜨기 [10]

7단 : 짧은뜨기 4코, 짧은 2코 모아뜨기, 짧은뜨
　　기 4코 [9]

팔에 솜을 넣고 뜨면서 솜을 계속 채운다.

8-10단 : 짧은뜨기 9코 [9]

11-25단 : 피치핑크 실로, 짧은뜨기 9코 [9]

바느질할 실꼬리를 길게 남기고 자른 뒤 위쪽을
납작하게 만들어서 꿰매어 막는다. 팔을 몸통 양
쪽에 위에서 첫 번째 단에 바느질한다.

비앙카

비앙카는 활기차고 모험심이 넘치는 소녀예요.
매일 아침 서둘러 아침 식사를 하고 가능한
한 빨리 집을 나와 동네에서 친구들을 만나죠.
함께할 수 있는 흥미진진한 게임이 너무 많아
즐겁게 보내요. 저녁에 잠자리에 들 때는 진이
다 빠지지만 행복하답니다.

난이도 : ★★★
사용 기법 : 빼뜨기, 짧은뜨기, 긴뜨기,
　　　　　　한길긴뜨기, 뒤걸어 짧은뜨기,
　　　　　　프렌치노트
완성 크기 : 35 cm

재료

✔ 뜨개실(면, 50 g/85 m) : 베이지색, 주황색,
　 피치핑크, 하늘색, 파란색, 흰색, 검은색

✔ 코바늘 3mm(5호)

✔ 솜

✔ 눈 16mm

✔ 자수용 실 : 검은색, 갈색(얼굴)

✔ 리본

✔ 돗바늘

머리 (1개, 베이지색)

- -

위에서 아래로 코바늘뜨기한다. 손가락에 감아
원형코 만들기로 시작한다(매직링).

1단 : 짧은뜨기 6코 [6]

2단 : 짧은 2코 넣어뜨기×6번 [12]

3단 : (짧은뜨기 1코, 짧은 2코 넣어뜨기)×6번
　　　 [18]

4단 : (짧은뜨기 2코, 짧은 2코 넣어뜨기)×6번
　　　 [24]

5단 : (짧은뜨기 3코, 짧은 2코 넣어뜨기)×6번
　　　 [30]

6단 : (짧은뜨기 4코, 짧은 2코 넣어뜨기)×6번
　　　 [36]

7단 : (짧은뜨기 5코, 짧은 2코 넣어뜨기)×6번
　　　 [42]

8단 : (짧은뜨기 6코, 짧은 2코 넣어뜨기)×6번
 [48]

9단 : (짧은뜨기 7코, 짧은 2코 넣어뜨기)×6번
 [54]

10-21단 : 짧은뜨기 54코 [54]

눈을 17단과 18단 사이에 12코 간격을 두고 넣는다. 와셔를 끼워 눈을 고정시킨다.

22단 : (짧은뜨기 7코, 짧은 2코 모아뜨기)×6번
 [48]

23단 : (짧은뜨기 6코, 짧은 2코 모아뜨기)×6번
 [42]

24단 : (짧은뜨기 5코, 짧은 2코 모아뜨기)×6번
 [36]

머리에 솜을 단단히 넣고 뜨면서 솜을 계속 채운다.

25단 : (짧은뜨기 4코, 짧은 2코 모아뜨기)×6번
 [30]

26단 : (짧은뜨기 3코, 짧은 2코 모아뜨기)×6번
 [24]

27단 : (짧은뜨기 2코, 짧은 2코 모아뜨기)×6번
 [18]

실을 자른 뒤 실 끝을 편물 사이로 숨겨 마무리한다.

머리카락 (1개, 주황색)

- -

손가락에 감아 원형코 만들기로 시작한다(매직링).

1단 : 짧은뜨기 6코 [6]

2단 : 짧은 2코 넣어뜨기×6번 [12]

3단 : (짧은뜨기 1코, 짧은 2코 넣어뜨기)×6번
 [18]

4단 : (짧은뜨기 2코, 짧은 2코 넣어뜨기)×6번
 [24]

5단 : (짧은뜨기 3코, 짧은 2코 넣어뜨기)×6번
 [30]

6단 : (짧은뜨기 4코, 짧은 2코 넣어뜨기)×6번
 [36]

69

까워야 한다. 필요하다면, 머리카락이 머리에 꼭 맞을 때까지 머리에 솜을 조금 더 채운다.

검은색 자수용 실로 입과 눈썹을 수놓는다. 갈색 자수용 실로 뺨에 프렌치노트로 주근깨를 만든다. 머리카락을 땋아서 리본으로 묶는다.

몸통 (1개, 베이지색+피치핑크+하늘색)

아래에서 위로 코바늘뜨기한다. 베이지색 실로, 손가락에 감아 원형코 만들기로 시작한다(매직 링).

1단 : 짧은뜨기 6코 [6]

2단 : 짧은 2코 넣어뜨기×6번 [12]

3단 : (짧은뜨기 1코, 짧은 2코 넣어뜨기)×6번 [18]

4단 : (짧은뜨기 2코, 짧은 2코 넣어뜨기)×6번 [24]

5단 : (짧은뜨기 3코, 짧은 2코 넣어뜨기)×6번 [30]

7단 : (짧은뜨기 5코, 짧은 2코 넣어뜨기)×6번 [42]

8단 : (짧은뜨기 6코, 짧은 2코 넣어뜨기)×6번 [48]

9단 : (짧은뜨기 7코, 짧은 2코 넣어뜨기)×6번 [54]

10−18단 : 짧은뜨기 54코 [54]

19단 : 빼뜨기 1코, 사슬뜨기 1코. 같은 코에서 시작, 짧은뜨기 10코, (사슬뜨기 25코, 바늘에서 두 번째 코에서 시작, 짧은뜨기 24코, 빼뜨기 1코)×3번, (짧은뜨기 1코, 긴뜨기 1코, 한길긴 2코 넣어뜨기×2번, 긴뜨기 1코)×5번, 짧은뜨기 1코, (사슬뜨기 25코, 바늘에서 두 번째 코에서 시작, 짧은뜨기 24코, 빼뜨기 1코)×3번, 짧은뜨기 11코, 첫 번째 짧은뜨기 코에 빼뜨기.

바느질할 실꼬리를 길게 남기고 자른 뒤 머리 앞쪽에 앞머리를 대칭으로 하여 머리카락의 위치를 잡는다. 머리 뒤쪽에서는 머리카락이 목에 가

6단 : (짧은뜨기 4코, 짧은 2코 넣어뜨기)×6번 [36]

7단 : (짧은뜨기 5코, 짧은 2코 넣어뜨기)×6번 [42]

8-10단 : 짧은뜨기 42코 [42]

11단 : 피치핑크 실로, 짧은뜨기 42코 [42]

12단 : 뒤쪽 고리에만, 짧은이랑뜨기 42코 [42]

13단 : (짧은뜨기 5코, 짧은 2코 모아뜨기)×6번 [36]

하늘색 실과 피치핑크 실을 2단씩 번갈아가며 떠서 줄무늬 패턴을 만든다.

14-16단 : 짧은뜨기 36코 [36]

17단 : (짧은뜨기 4코, 짧은 2코 모아뜨기)×6번 [30]

18-20단 : 짧은뜨기 30코 [30]

몸통에 솜을 넣고 뜨면서 솜을 계속 채운다. 몸통이 아주 단단히 채워져 있는지 확인해야 한다.

21단 : (짧은뜨기 3코, 짧은 2코 모아뜨기)×6번 [24]

22-23단 : 짧은뜨기 24코 [24]

24단 : 베이지색 실로, (짧은뜨기 2코, 짧은 2코 모아뜨기)×6번 [18]

25단 : 짧은뜨기 18코 [18]

바느질할 실꼬리를 길게 남기고 자른다.

원피스 (1개, 파란색)

- -

몸통의 열린 부분을 몸 쪽으로 하고 12단의 남은 앞쪽 고리에서 몸통 주위 가장자리를 코바늘뜨기 한다.

1단 : 파란색 실을 바늘에 걸어와 사슬뜨기 1코, 짧은뜨기 42코, 첫 번째 짧은뜨기에 빼뜨기 [42]

2단 : 사슬뜨기 2코, 같은 코에서 시작, 한길긴뜨기 16코, 뒤쪽 고리에만 한길긴뜨기 10코, 한길긴뜨기 16코, 첫 번째 한길긴뜨기에 빼뜨기 [42]

3-4단 : 사슬뜨기 2코, 같은 코에서 시작, 한길긴뜨기 42코, 첫 번째 한길긴뜨기에 빼뜨기 [42]

5단 : 첫코는 건너 띄고, 빼뜨기 41코 [41]

실을 자른 뒤 실 끝을 편물 사이로 숨겨 마무리한다.

원피스의 가슴 앞판은 남은 앞쪽 고리에서 가운데 부분에서 위로 코바늘뜨기한다. 평단 뜨기한다.

평 1단 : 파란색 실을 바늘에 걸어와 사슬뜨기 1코(콧수로 세지 않음). 다음 코에서 시작하여, 짧은뜨기 9코 [9]

평 2단 : 편물을 돌려, 사슬뜨기 2코, 다음 코에서 시작, 한길긴뜨기 8코 [8]

평 3단 : 편물을 돌려, 사슬뜨기 2코, 다음 코에서 시작, 한길긴뜨기 7코 [7]

평 4단 : 편물을 돌려, 사슬뜨기 2코, 다음 코에서 시작, 한길긴뜨기 6코 [6]

원피스의 멜빵을 뜨기 위해 마무리하지 않는다.

원피스 가슴 앞판이 가운데 오는지 확인하며 머리를 몸통에 바느질한다.

사슬뜨기 50코(또는 끈이 어깨 너머 원피스 뒷면 가운데까지 도달한 다음 가슴 앞판의 다른 모서리까지 도달하는 데 필요한 정도)로 원피스 가슴 앞판을 마무리한다. 끈을 원피스 가슴 앞판과 몸통 뒷면 가운데에 고정시킨다. 실 끝을 편물 사이로 숨긴다.

다리 (2개, 흰색+베이지색)

흰색 실로, 손가락에 감아 원형코 만들기로 시작한다(매직링).

1단 : 짧은뜨기 6코 [6]

2단 : 짧은 2코 넣어뜨기×6번 [12]

3단 : (짧은뜨기 1코, 짧은 2코 넣어뜨기)×6번 [18]

4단 : (짧은뜨기 2코, 짧은 2코 넣어뜨기)×6번 [24]

5-7단 : 짧은뜨기 24코 [24]

8단 : 짧은뜨기 8코, (짧은 2코 모아뜨기, 짧은뜨기 1코)×2번, 짧은 2코 모아뜨기, 짧은뜨기 8코 [21]

팔 (2개, 베이지색+피치핑크+하늘색)

베이지색 실로, 손가락에 감아 원형코 만들기로 시작한다(매직링).

1단 : 짧은뜨기 6코 [6]

2단 : 짧은 2코 넣어뜨기×6번 [12]

3-4단 : 짧은뜨기 12코 [12]

5단 : 짧은뜨기 5코, 짧은 2코 모아뜨기, 짧은뜨기 5코 [11]

6단 : 짧은뜨기 9코, 짧은 2코 모아뜨기 [10]

7단 : 짧은뜨기 4코, 짧은 2코 모아뜨기, 짧은뜨기 4코 [9]

팔에 솜을 넣고 뜨면서 솜을 계속 채운다.

8-10단 : 짧은뜨기 9코 [9]

하늘색 실과 피치핑크 실을 2단씩 번갈아가며 떠서 줄무늬 패턴을 만든다.

11-24단 : 짧은뜨기 9코 [9]

바느질할 실꼬리를 길게 남기고 자른 뒤 위쪽을 납작하게 만들어서 꿰매어 막는다. 팔을 몸통 양쪽에 위에서 첫 번째 단에 바느질한다.

9단 : 짧은뜨기 21코 [21]

10단 : 짧은뜨기 7코, (짧은 2코 모아뜨기, 짧은
뜨기 1코)×2번, 짧은 2코 모아뜨기, 짧은뜨기
6코 [18]

11-12단 : 짧은뜨기 18코 [18]

다리에 솜을 넣고 뜨면서 솜을 계속 채운다. 윗부분
에는 솜을 덜 채워야 다리를 연결할 수 있다.

13단 : 짧은뜨기 5코, (짧은 2코 모아뜨기, 짧은
뜨기 1코)×2번, 짧은 2코 모아뜨기, 짧은뜨기
5코 [15]

14단 : 짧은뜨기 15코 [15]

15단 : 베이지색 실로, 뒤쪽 고리에만 짧은이랑뜨
기 15코 [15]

16단 : (짧은뜨기 3코, 짧은 2코 모아뜨기)×3번
[12]

17-35단 : 짧은뜨기 12코 [12]

36단 : (짧은뜨기 2코, 짧은 2코 모아뜨기)×3번
[9]

바느질할 실꼬리를 길게 남기고 자른다.

양말에서 15단의 남은 앞쪽 고리에 프릴을 코바
늘뜨기한다. 다리가 몸 쪽으로 향하게 잡고 바늘
에 흰색 실을 걸어와 뜬다.

1단 : (사슬뜨기 2코, 빼뜨기 1코)×12번

실을 자르고 실 끝을 편물 사이로 숨겨 마무리한
다.

신발 (2개, 검은색)

손가락에 감아 원형코 만들기르 시작한다(매직
링).

1단 : 사슬뜨기 2코, 한길긴뜨기 12코, 첫 번째
한길긴뜨기에 빼뜨기 [12]

2단 : 사슬뜨기 2코, 한길긴 2코 넣어뜨기×12
번, 첫코에 빼뜨기 [24]

3단 : 사슬뜨기 1코, 뒤걸어 짧은뜨기×24번, 첫
코에 빼뜨기 [24]

4단 : 사슬뜨기 2코, 한길긴뜨기 24코, 첫코에 빼
뜨기 [24]

5단 : 사슬뜨기 1코, 짧은뜨기 8코, (짧은 2코 모
아뜨기, 짧은뜨기 1코)×2번, 짧은 2코 모아뜨
기, 짧은뜨기 8코, 첫코에 빼뜨기 [21]

6단 : 사슬뜨기 1코, 짧은뜨기 5코. 사슬뜨기 10
코. 신발을 신기고 왼쪽으로 11코를 세고 시
작, 짧은뜨기 5코, 첫코에 빼뜨기

바느질할 실꼬리를 길게 남기고 자른 뒤 신발을
발에 바느질한다. 다리를 몸통 아래쪽에서 세 단
을 띄우고 붙인다.

만능 로봇

만능 로봇은 강하고 강렬한 진정한 슈퍼히어로예요. 로봇은 여러분의 침대 밑에 숨어있는 괴물들이 겁먹게 도와주며, 다른 사람 앞에서 시를 큰 소리로 읽을 수 있게 용기를 북돋워주며, 이웃의 화난 개를 다루는 데 도움을 주죠. 로봇 같은 친구가 있으면 일상생활의 어려움을 쉽게 다룰 수 있어요.

난이도 : ★★☆

사용 기법 : 빼뜨기, 짧은뜨기, 뒤걸어
짧은뜨기

완성 크기 : 25cm

재료

- ✔ 뜨개실(면, 50g/105m) : 노란색, 회색, 흰색, 진회색
- ✔ 코바늘 3mm(5호)
- ✔ 솜
- ✔ 눈 8mm
- ✔ 돗바늘

머리 (1개, 노란색+회색)

위에서 아래로 코바늘뜨기한다. 노란색 실로, 손가락에 감아 원형코 만들기로 시작한다(매직링).

1단 : 짧은뜨기 6코 [6]

2단 : 짧은 2코 넣어뜨기×6번 [12]

3−4단 : 짧은뜨기 12코 [12]

5단 : 짧은 2코 모아뜨기×6번 [6]

머리의 위에서 아래로 솜을 넣고 뜨면서 솜을 계속 채운다.

6단 : 회색 실로, 짧은 2코 넣어뜨기×6번 [12]

7단 : 짧은 2코 넣어뜨기×12번 [24]

8단 : (짧은뜨기 3코, 짧은 2코 넣어뜨기)×6번 [30]

9단 : (짧은뜨기 4코, 짧은 2코 넣어뜨기)×6번
[36]

10단 : (짧은뜨기 5코, 짧은 2코 넣어뜨기)×6번
[42]

11단 : (짧은뜨기 6코, 짧은 2코 넣어뜨기)×6번
[48]

12-26단 : 짧은뜨기 48코 [48]

27단 : (짧은뜨기 6코, 짧은 2코 모아뜨기)×6번
[42]

28단 : (짧은뜨기 5코, 짧은 2코 모아뜨기)×6번
[36]

29단 : (짧은뜨기 4코, 짧은 2코 모아뜨기)×6번
[30]

30단 : (짧은뜨기 3코, 짧은 2코 모아뜨기)×6번
[24]

31단 : (짧은뜨기 2코, 짧은 2코 모아뜨기)×6번
[18]

실을 자른 뒤 실 끝을 편물 사이로 숨기고 마무리
한다.

눈 (2개, 흰색)

손가락에 감아 원형코 만들기로 시작한다(매직
링).

1단 : 짧은뜨기 6코 [6]

매직링을 당겨 단단히 조이는데, 나중에 눈이 들
어갈 정도의 구멍은 남긴다.

2단 : 짧은 2코 넣어뜨기×6번 [12]

3-4단 : 짧은뜨기 12코 [12]

가운데에 눈을 끼우고 솜을 가볍게 채운다.

5단 : 짧은 2코 모아뜨기×6번 [6]

실꼬리를 길게 남기고 자른다. 실꼬리를 돗바늘
에 꿰어 단단히 당겨서 구멍을 막는다. 실 끝은
편물 사이로 숨긴다.

눈꺼풀 (2개, 회색+노란색)

회색 실로, 손가락에 감아 원형코 만들기로 시작
한다(매직링).

1단 : 짧은뜨기 6코 [6]

2단 : 짧은 2코 넣어뜨기×6번 [12]

3단 : (짧은뜨기 3코, 짧은 2코 넣어뜨기)×3번
[15]

4-5단 : 짧은뜨기 15코 [15]

바느질할 실꼬리를 길게 남기고 자른 뒤 눈 위에
눈꺼풀을 놓는다. 노란색 실로 눈꺼풀 마지막 단
위에 테두리를 수놓는다. 이 장식 테두리는 눈꺼
풀을 제자리에 고정시킨다. 머리의 14-16단에
눈을 바느질한다.

입 (1개, 진회색+흰색)

기초 사슬코의 양쪽을 코바늘뜨기한다.

1단 : **진회색** 실로, 사슬뜨기 17코, 바늘에서 두
번째 사슬코에 짧은 2코 넣어뜨기, 짧은뜨기

14코, 마지막 코에 짧은 4코 넣어뜨기. 기초 사슬코의 반대쪽에 계속, 짧은뜨기 14코, 첫코에 짧은 2코 넣어뜨기 [36] 첫코에 빼뜨기

실을 자른 뒤 실 끝을 편물 사이로 숨겨 마무리한다. 눈에서 6단 아래에 핀으로 눈의 위치를 잡는다. 흰색 실을 길게 꿰어 기초 사슬코(입 가운데 선)를 따라 바느질해서 머리에 붙인다.

몸통 (1개, 회색)

아래에서 위로 코바늘뜨기한다. 손가락에 감아 원형코 만들기로 시작한다(매직링).

1단 : 짧은뜨기 6코 [6]

2단 : 짧은 2코 넣어뜨기×6번 [12]

3단 : (짧은뜨기 1코, 짧은 2코 넣어뜨기)×6번 [18]

4단 : 짧은뜨기 18코 [18]

5단 : (짧은뜨기 2코, 짧은 2코 넣어뜨기)×6번 [24]

6단 : 짧은뜨기 24코 [24]

7단 : (짧은뜨기 3코, 짧은 2코 넣어뜨기)×6번 [30]

8단 : 짧은뜨기 30코 [30]

9단 : (짧은뜨기 4코, 짧은 2코 넣어뜨기)×6번 [36]

10-18단 : 짧은뜨기 36코 [36]

몸통에 솜을 단단히 넣고 뜨면서 솜을 계속 채운다.

19단 : (짧은뜨기 4코, 짧은 2코 모아뜨기)×6번 [30]

20단 : (짧은뜨기 3코, 짧은 2코 모아뜨기)×6번 [24]

21단 : (짧은뜨기 2코, 짧은 2코 모아뜨기)×6번 [18]

바느질할 실꼬리를 길게 남기고 자른다. 머리를
몸통에 바느질한다.

팔 (2개, 진회색+노란색+회색)

진회색 실로, 손가락에 감아 원형코 만들기로 시
작한다(매직링).

1단 : 짧은뜨기 6코 [6]

2단 : 짧은 2코 넣어뜨기×6번 [12]

3단 : (짧은뜨기 1코, 짧은 2코 넣어뜨기)×6번
[18]

4단 : (짧은뜨기 2코, 짧은 2코 넣어뜨기)×6번
[24]

5단 : **노란색** 실로, 뒤걸어 짧은뜨기 24코 [24]

6–8단 : **진회색** 실로, 짧은뜨기 24코 [24]

9단 : (짧은뜨기 6코, 짧은 2코 모아뜨기)×3번
[21]

10단 : (짧은뜨기 5코, 짧은 2코 모아뜨기)×3번
[18]

11단 : (짧은뜨기 4코, 짧은 2코 모아뜨기)×3번
[15]

팔에 솜을 넣고 뜨면서 솜을 계속 채운다.

12단 : (짧은뜨기 3코, 짧은 2코 모아뜨기)×3번
[12]

13단 : (짧은뜨기 2코, 짧은 2코 모아뜨기)×3번
[9]

14단 : **회색** 실로, 짧은뜨기 9코 [9]

15단 : (짧은뜨기 2코, 짧은 2코 넣어뜨기)×3번
[12]

16–20단 : 짧은뜨기 12코 [12]

21단 : 짧은 2코 모아뜨기×6번 [6]

22단 : 짧은뜨기 6코 [6]

23단 : 짧은 2코 넣어뜨기×6번 [12]

24–29단 : 짧은뜨기 12코 [12]

30단 : 짧은 2코 모아뜨기×6번 [6]

바느질할 실꼬리를 길게 남기고 자른다. 팔을 몸
통 양쪽에 위에서 3단 건너뛰고 바느질한다.

다리 (2개, 진회색+노란색+회색)

팔의 1–23단까지를 반복한 후 다음 도안대로
계속 뜬다.

24단 : (짧은뜨기 1코, 짧은 2코 넣어뜨기)×6번
[18]

25–31단 : 짧은뜨기 18코 [18]

32단 : (짧은뜨기 1코, 짧은 2코 모아뜨기)×6번
[12]

33–35단 : 짧은뜨기 12코 [12]

36단 : 짧은 2코 모아뜨기×6번 [6]

바느질할 실꼬리를 남기고 자른다. 다리를 몸통
양쪽에 바닥에서 2단 건너뛰고 바느질한다. 노란
색 실로 배에 가로로 긴 줄무늬를 수놓는다. 몸통
위에서 세 번째 단에서 시작해서 아래로 이동한
다. 자수의 무늬는 넓게 시작하여 아래쪽으로 갈
수록 좁아져야 한다.

귀여운 엘라

귀여운 엘라는 숲에서 잠깐 산책하면서 아침을
시작하는 것을 좋아해요. 모든 벌레, 파리, 식물과
허브, 동물과 인간의 친구예요. 엘라는 자연을
사랑하며 누구도 해치지 않으려고 해요. 대신 모든
사람이 평화롭고 조화롭게 살기를 원하죠. 엘라는
매일 저녁 흔들의자에 앉아 차 한 잔을 마시며
자신의 좋은 생각을 세상에 보내요.

난이도 : ★★★
사용 기법 : 빼뜨기, 짧은뜨기, 긴뜨기,
　　　　　한길긴뜨기
완성 크기 : 19cm

재료

- ✔ 뜨개실(면, 50g/105m) : 흰색, 진회색, 노란색, 연회색
- ✔ 머리카락용 면실(50g/180m)
- ✔ 코바늘 3mm(5호)
- ✔ 솜
- ✔ 눈 6mm
- ✔ 자수용 실 : 갈색, 검은색(얼굴)
- ✔ 돗바늘
- ✔ 단수링
- ✔ 선택 : 화장 솔 또는 분홍색 밀랍(뺨)

머리 (1개, 흰색)

위에서 아래로 코바늘뜨기한다. 손가락에 감아 원형코 만들기로 시작한다(매직링).

1단 : 짧은뜨기 6코 [6]

2단 : 짧은 2코 넣어뜨기×6번 [12]

3단 : (짧은뜨기 1코, 짧은 2코 넣어뜨기)×6번 [18]

4단 : (짧은뜨기 2코, 짧은 2코 넣어뜨기)×6번 [24]

5단 : (짧은뜨기 3코, 짧은 2코 넣어뜨기)×6번 [30]

6단 : (짧은뜨기 4코, 짧은 2코 넣어뜨기)×6번 [36]

7단 : (짧은뜨기 5코, 짧은 2코 넣어뜨기)×6번 [42]

8단 : (짧은뜨기 6코, 짧은 2코 넣어뜨기)×6번 [48]

9-16단 : 짧은뜨기 48코 [48]

눈을 13단과 14단 사이에 9코 간격을 두고 넣는다. 와셔를 끼워 눈을 고정시킨다.

17단 : (짧은뜨기 6코, 짧은 2코 모아뜨기)×6번 [42]

18단 : (짧은뜨기 5코, 짧은 2코 모아뜨기)×6번 [36]

19단 : (짧은뜨기 4코, 짧은 2코 모아뜨기)×6번 [30]

20단 : (짧은뜨기 3코, 짧은 2코 모아뜨기)×6번 [24]

머리에 솜을 단단히 넣고 뜨면서 솜을 계속 채운다.

21단 : (짧은뜨기 2코, 짧은 2코 모아뜨기)×6번 [18]

22단 : (짧은뜨기 1코, 짧은 2코 모아뜨기)×6번 [12]

실을 자른 뒤 실 끝을 편물 사이로 숨겨 마무리한다. 검은색 실로 입을 17단에 수놓는다. 갈색 실로 눈썹을 아주 작게 수놓는다. 뺨에 화장 솔이나 분홍색 밀랍으로 볼터치를 아주 약간 한다.

다리와 몸통 (1개, 진회색+흰색+노란색)

- -

아래에서 위로 하나의 편물로 코바늘뜨기한다. 두 다리로 시작해서 몸통으로 이어서 함께 뜬다. **진회색** 실로, 손가락에 감아 원형코 만들기로 시작한다(매직링).

1단 : 짧은뜨기 6코 [6]

2단 : 짧은 2코 넣어뜨기×6번 [12]

3단 : 짧은뜨기 12코 [12]

4단 : 짧은뜨기 3코, 짧은 2코 모아뜨기×3번, 짧은뜨기 3코 [9]

5−6단 : 흰색 실로, 짧은뜨기 9코 [9]

신발에 솜을 넣는다.

7단 : (짧은뜨기 2코, 짧은 2코 넣어뜨기)×3번 [12]

8단 : 짧은뜨기 12코 [12]

9단 : (짧은뜨기 3코, 짧은 2코 넣어뜨기)×3번 [15]

10단 : 짧은뜨기 15코 [15]

11단 : 짧은뜨기 4코 [4] 남은 코는 뜨지 않고 둔다. 다음 코에 단수링을 거는데, 이 코가 다음 단의 첫코가 된다.

첫 번째 다리에서 바느질할 실꼬리를 길게 남기고 자른다. 이 다리는 옆에 두고, 두 번째 다리도 1−11단까지 도안대로 코바늘뜨기한다. 두 번째 다리에서는 마무리하지 않고 몸통으로 이어서 뜬다.

12단 : 이 단에서 다리를 합친다.

두 번째 다리에서 짧은뜨기 8코, 첫 번째 다리

(단수링한 코에서 시작)에서 계속 뜨기, 첫 번째 다리에서 짧은뜨기 15코, 두 번째 다리에서 짧은뜨기 7코 [30]

첫 번째 다리에서 남겨둔 실꼬리로 다리 사이에 있는 구멍을 바느질하여 막는다.

13−17단 : 짧은뜨기 30코 [30]

18단 : (짧은뜨기 8코, 짧은 2코 모아뜨기)×3번 [27]

19단 : 짧은뜨기 27코 [27]

20단 : 노란색 실로, (짧은뜨기 7코, 짧은 2코 모아뜨기)×3번 [24]

다리와 몸통의 1/2까지 솜을 넣고 뜨면서 솜을 계속 채운다.

21단 : 뒤쪽 고리에만, 짧은이랑뜨기 24코 [24]

22단 : 짧은뜨기 24코 [24]

23단 : (짧은뜨기 2코, 짧은 2코 모아뜨기)×6번 [18]

24−25단 : 짧은뜨기 18코 [18]

26단 : (짧은뜨기 1코, 짧은 2코 모아뜨기)×6번 [12]

27단 : 흰색 실로, 짧은뜨기 12코 [12]

바느질할 실꼬리를 길게 남기고 자른다.

원피스 (1개, 노란색+연회색)

- -

몸통의 열린 부분을 몸 쪽으로 하고 21단의 남은 앞쪽 고리에서 몸통 주위 가장자리를 코바늘뜨기한다.

1단 : 노란색 실을 바늘에 걸어와 사슬뜨기 2코, 같은 코에 한길긴뜨기 1코, 한길긴뜨기 2코, (한길긴 2코 넣어뜨기, 한길긴뜨기 3코)×5번, 힌길긴 2코 넣어뜨기, 첫코에 빼뜨기 [30]

2단 : 사슬뜨기 2코, 같은 코에 한길긴뜨기 1코, 다음 코에 한길긴뜨기 1코, (한길긴 2코 넣어뜨기, 한길긴뜨기 4코)×5번, 한길긴 2코 넣어뜨기, 한길긴뜨기 2코, 첫코에 빼뜨기 [36]

3단 : 사슬뜨기 2코, 같은 코에 한길긴뜨기 1코,
　　한길긴뜨기 4코, (한길긴 2코 넣어뜨기, 한길
　　긴뜨기 5코)×5번, 한길긴 2코 넣어뜨기, 첫코
　　에 빼뜨기 [42]

4단 : 사슬뜨기 2코, 같은 코에서 시작, 한길긴뜨
　　기 42코, 첫코에 빼뜨기 [42]

5단 : 사슬뜨기 2코, 같은 코에서 시작하여 뒤쪽
　　고리에만 코바늘뜨기, 한길긴이랑뜨기 42코,
　　첫코에 빼뜨기 [42]

6단 : 사슬뜨기 1코, 같은 코에서 시작, 짧은뜨기
　　42코, 첫코에 빼뜨기 [42]

실을 자른 뒤 실 끝을 편물 사이로 숨겨 마무리한
다. 몸통의 열린 부분을 몸 쪽으로 하고 5단의 남
은 앞쪽 고리에 프릴을 코바늘뜨기한다.

1단 : **연회색** 실을 바늘에 걸어와 사슬뜨기 1코,
　　같은 코에 긴 2코 넣어뜨기, (빼뜨기 1코, 사슬
　　뜨기 1코, 긴 2코 넣어뜨기)×20번, 빼뜨기 1

코. 단의 시작에 연결한다.

실을 자르고 실 끝을 편물 사이로 숨겨 마무리한
다. 머리를 몸통에 바느질하고 얼굴이 가운데에
있는지 확인한다.

팔 (2개, 흰색+노란색)

- -

흰색 실로, 손가락에 감아 원형코 만들기로 시작
한다(매직링).

1단 : 짧은뜨기 8코 [8]

2−9단 : 짧은뜨기 8코 [8]

팔에 솜을 넣는다.

10단 : **노란색** 실로, 짧은 2코 넣어뜨기×8번 [16]

11−13단 : 짧은뜨기 16코 [16]

14단 : 짧은 2코 모아뜨기×8번 [8]

바느질할 실꼬리를 남기고 자른 뒤 소매에 솜을
아주 조금 넣는다. 열린 부분을 납작하게 만든 후
몇 땀 떠서 막는다. 팔을 몸통의 위에서 첫 번째
단에 바느질한다.

머리카락

35-36쪽의 설명을 참고하여 너비 10cm(또는 인형 머리 크기에 필요한 만큼)인 가발을 만든다. 같은 실로 앞머리를 수놓은 뒤에 가발을 머리에 바느질한다. 머리카락을 땋고 머리카락 색깔의 실로 묶는다.

모자 (1개, 연회색)

위에서부터 코바늘뜨기한다. 손가락에 감아 원형 코 만들기로 시작한다(매직링).

1단 : 짧은뜨기 6코 [6]

2단 : (짧은뜨기 1코, 짧은 2코 넣어뜨기)×3번 [9]

3단 : (짧은뜨기 2코, 짧은 2코 넣어뜨기)×3번 [12]

4단 : (짧은뜨기 3코, 짧은 2코 넣어뜨기)×3번 [15]

5단 : (짧은뜨기 4코, 짧은 2코 넣어뜨기)×3번 [18]

6단 : (짧은뜨기 5코, 짧은 2코 넣어뜨기)×3번 [21]

7단 : (짧은뜨기 6코, 짧은 2코 넣어뜨기)×3번 [24]

8단 : (짧은뜨기 7코, 짧은 2코 넣어뜨기)×3번 [27]

9단 : (짧은뜨기 8코, 짧은 2코 넣어뜨기)×3번 [30]

10단 : (짧은뜨기 9코, 짧은 2코 넣어뜨기)×3번 [33]

11단 : (짧은뜨기 10코, 짧은 2코 넣어뜨기)×3번 [36]

12단 : (짧은뜨기 5코, 짧은 2코 넣어뜨기)×6번 [42]

13단 : (짧은뜨기 6코, 짧은 2코 넣어뜨기)×6번 [48]

14-15단 : 짧은뜨기 48코 [48]

모자의 귀덮개를 뜨기 시작한다. 평단 뜨기로 계속 뜬다.

평 16단 : 사슬뜨기 1코, 편물 돌려, 같은 코에서 시작, 짧은뜨기 12코 [12]

남은 코는 뜨지 않고 둔다.

평 17단 : 사슬뜨기 1코, 편물 돌려, 1코 건너뛰고, 짧은뜨기 11코 [11]

평 18단 : 사슬뜨기 1코, 편물 돌려, 1코 건너뛰고, 짧은뜨기 10코 [10]

평 19단 : 사슬뜨기 1코, 편물 돌려, 1코 건너뛰고, 짧은뜨기 9코 [9]

평 20단 : 사슬뜨기 1코, 편물 돌려, 1코 건너뛰고, 짧은뜨기 8코 [8]

평 21단 : 사슬뜨기 1코, 편물 돌려, 1코 건너뛰고, 짧은뜨기 7코 [7]

평 22단 : 사슬뜨기 1코, 편물 돌려, 1코 건너뛰고, 짧은뜨기 6코 [6]

평 23단 : 사슬뜨기 1코, 편물 돌려, 1코 건너뛰고, 짧은뜨기 5코 [5]

평 24단 : 사슬뜨기 1코, 편물 돌려, 1코 건너뛰고, 짧은뜨기 4코 [4]

평 25단 : 사슬뜨기 1코, 편물 돌려, 1코 건너뛰고, 짧은뜨기 3코 [3]

평 26단 : 사슬뜨기 1코, 편물 돌려, 1코 건너뛰고, 짧은뜨기 2코 [2]

평 27단 : 사슬뜨기 1코, 편물 돌려, 1코 건너뛰고, 짧은뜨기 1코 [1]

실꼬리를 짧게 남기고 자른다. 편물을 뒤집고 귀덮개에서 왼쪽으로 14코를 센다. 다음 코에 실을 연결한다. 같은 코에서 시작하여 짧은뜨기 12코. 귀덮개 17-27단의 도안대로 떠서 두 번째 귀덮개를 만든다. 두 번째 귀덮개의 실은 마무리하지 않는다. 모자를 오른쪽으로 돌린다. 모자 전체 둘레를 따라 짧은뜨기를 두 단 뜬다. 첫 번째 단에서 귀덮개의 끝 부분에 짧은 3코 넣어뜨기를 한다. 두 번째 단에서 귀덮개의 끝에는 짧은 2코 넣어뜨기를 한다. 첫코에 빼뜨기를 하여 두 단을 연결한다. 실을 자르고 실 끝을 편물 사이로 숨겨 마무리한다.

꽃 (2개, 진회색 & 노란색)

1단 : 손가락에 감아 원형코 만들기(매직링)로 시작한다. (사슬뜨기 6코, 빼뜨기)×6번. 링을 함께 당긴다. 바느질할 실꼬리를 남기고 자른다. 꽃을 모자에 바느질하고 인형의 머리에 모자를 씌운다.

용감한 군인
야코보

야코보는 모든 사람의 꿈을 믿을 수 있는
사람이에요. 사랑하는 사람을 보호할 줄
아는 용감한 군인일 뿐만 아니라 비밀을
지키고 안전하게 유지하는 방법도 알고
있죠. 야코보는 신뢰할 수 있는 사람이면서
명예로운 군인이에요.

난이도 : ★★☆

사용 기법 : 빼뜨기, 짧은뜨기

완성 크기 : 31 cm

- ✔ 뜨개실(면, 50g/105m) : 살구색, 파란색, 검은색, 빨간색
- ✔ 코바늘 3mm(5호)
- ✔ 솜
- ✔ 눈 8mm
- ✔ 자수용 실 : 금색(유니폼), 검은색(얼굴)
- ✔ 돗바늘
- ✔ 단수링

머리 (1개, 살구색)

위에서 아래로 코바늘뜨기한다. 손가락에 감아 원형코 만들기로 시작한다(매직링).

1단 : 짧은뜨기 6코 [6]

2단 : 짧은 2코 넣어뜨기×6번 [12]

3단 : (짧은뜨기 1코, 짧은 2코 넣어뜨기)×6번 [18]

4단 : (짧은뜨기 2코, 짧은 2코 넣어뜨기)×6번 [24]

5단 : (짧은뜨기 3코, 짧은 2코 넣어뜨기)×6번 [30]

6단 : (짧은뜨기 4코, 짧은 2코 넣어뜨기)×6번 [36]

7단 : (짧은뜨기 5코, 짧은 2코 넣어뜨기)×6번 [42]

8단 : (짧은뜨기 6코, 짧은 2코 넣어뜨기)×6번
[48]

9단 : (짧은뜨기 7코, 짧은 2코 넣어뜨기)×6번
[54]

10-21단 : 짧은뜨기 54코 [54]

22단 : (짧은뜨기 7코, 짧은 2코 모아뜨기)×6번
[48]

23단 : (짧은뜨기 6코, 짧은 2코 모아뜨기)×6번
[42]

24단 : (짧은뜨기 5코, 짧은 2코 모아뜨기)×6번
[36]

눈을 19단과 20단 사이에 10코 간격을 두고 넣는다. 와셔를 끼워 눈을 고정시킨다. 머리에 솜을 단단히 넣고 뜨면서 솜을 계속 채운다.

25단 : (짧은뜨기 4코, 짧은 2코 모아뜨기)×6번
[30]

26단 : (짧은뜨기 3코, 짧은 2코 모아뜨기)×6번
[24]

27단 : (짧은뜨기 2코, 짧은 2코 모아뜨기)×6번
[18]

실을 자르고 실 끝을 편물 사이로 숨겨 마무리한다.

귀 (2개, 살구색)

손가락에 감아 원형코 만들기로 시작한다(매직링).

1단 : 짧은뜨기 5코 [5]

2단 : 사슬뜨기 1코, 편물 돌려, 같은 코에 짧은 2코 넣어뜨기, 짧은뜨기 3코, 짧은 2코 넣어뜨기 [7]

바느질할 실꼬리를 길게 남기고 자른다. 귀를 머리의 19단과 22단 사이에, 눈에서 손가락 두 개 너비 정도 간격을 두고 바느질한다.

입을 22단과 24단 사이에 검은색 실로 수놓는다. 눈 위에 일자 눈썹을 수놓는다.

다리와 몸통 (1개, 살구색+파란색+검은색)

아래에서 위로 하나의 편물로 코바늘뜨기한다. 몸통은 두 다리로 시작해서 함께 뜬다. 살구색 실로, 손가락에 감아 원형코 만들기로 시작한다(매직링).

1단 : 짧은뜨기 6코 [6]

2단 : 짧은 2코 넣어뜨기×6번 [12]

3단 : (짧은뜨기 3코, 짧은 2코 넣어뜨기)×3번
[15]

4-6단 : 짧은뜨기 15코 [15]

다리에 솜을 넣고 뜨면서 솜을 계속 채운다.

7-20단 : 파란색 실로, 짧은뜨기 15코 [15]

21단 : 짧은뜨기 6코 [6] 남은 코는 뜨지 않고 둔다. 다음 코에 단수링을 건다. 이 코가 다음 단의 첫코가 된다.

[35]

36-37단 : 짧은뜨기 35코 [35]

38단 : (짧은뜨기 5코, 짧은 2코 모아뜨기)×5번
　　　[30]

39-40단 : 짧은뜨기 30코 [30]

41단 : (짧은뜨기 3코, 짧은 2코 모아뜨기)×6번
　　　[24]

42-43단 : 짧은뜨기 24코 [24]

44단 : (짧은뜨기 2코, 짧은 2코 모아뜨기)×6번
　　　[18]

45-46단 : 짧은뜨기 18코 [18]

47단 : **살구색** 실로, 짧은뜨기 18코 [18]

바느질할 실꼬리를 길게 남기고 자른다. 재킷 아
래쪽에 금색 실로 선 두 줄과 버클(벨트처럼 보이
게)을 수놓는다. 단추처럼 보이게 짧은 선을 여러
개 수놓는다. 머리를 몸통에 바느질하고, 얼굴이
가운데에 있는지 확인한다.

팔 (2개, 살구색+검은색)

- -

살구색 실로, 손가락에 감아 원형코 만들기로 시
작한다(매직링).

1단 : 짧은뜨기 6코 [6]

2단 : 짧은 2코 넣어뜨기×6번 [12]

3-6단 : 짧은뜨기 12코 [12]

7단 : (짧은뜨기 4코, 짧은 2코 모아뜨기)×2번
　　　[10]

팔에 솜을 넣고 뜨면서 솜을 계속 채운다. 팔의
윗부분에는 솜을 더 가볍게 넣는다.

8-23단 : **검은색** 실로, 짧은뜨기 10코 [10]

24단 : (짧은뜨기 3코, 짧은 2코 모아뜨기)×2번
　　　[8]

바느질할 실꼬리를 길게 남기고 자른다. 위쪽을
납작하게 만들어 꿰매어 봉합한다. 소매 아래쪽
에 금색 실로 선을 두 줄 수놓아 꾸민다. 팔을 몸
통 양쪽에, 스웨터의 목선에 바느질한다.

첫 번째 다리에서 바느질할 실꼬리를 길게 남기
고 자른다. 이 다리는 옆에 두고 두 번째 다리도
1-20단까지 도안대로 코바늘뜨기한다(21단은
건너뛴다). 두 번째 다리에서는 실을 자르지 않
고, 몸통으로 계속 이어서 뜬다.

22단 : 이 단에서 다리를 합친다. 두 번째 다리에
　　　서 짧은뜨기 12코, 사슬뜨기 5코, 첫 번째 다
　　　리(단수링한 코에서 시작)에서 계속 뜨기, 짧
　　　은뜨기 15코, 사슬뜨기 5코, 두 번째 다리에서
　　　짧은뜨기 3코 [40]

첫 번째 다리에서 남겨둔 실꼬리로 다리 사이에
있는 구멍을 바느질하여 막는다.

23-28단 : 짧은뜨기 40코 [40]

29-34단 : **검은색** 실로, 짧은뜨기 40코 [40]

몸통에 솜을 단단히 넣고 뜨면서 솜을 계속 채운
다.

35단 : (짧은뜨기 6코, 짧은 2코 모아뜨기)×5번

모자 (1개, 빨간색)

아래에서 위로 하나의 편물로 코바늘뜨기한다. 손가락에 감아 원형코 만들기로 시작한다(매직링).

1단 : 짧은뜨기 6코 [6]

2단 : 짧은 2코 넣어뜨기×6번 [12]

3단 : (짧은뜨기 1코, 짧은 2코 넣어뜨기)×6번 [18]

4단 : (짧은뜨기 2코, 짧은 2코 넣어뜨기)×6번 [24]

5단 : 뒤쪽 고리에만, 짧은이랑뜨기 24코 [24]

6단 : 짧은뜨기 24코 [24]

7단 : (짧은뜨기 7코, 짧은 2코 넣어뜨기)×3번 [27]

8-9단 : 짧은뜨기 27코 [27]

10단 : (짧은뜨기 8코, 짧은 2코 넣어뜨기)×3번 [30]

11단 : 짧은뜨기 30코 [30]

12단 : (짧은뜨기 9코, 짧은 2코 넣어뜨기)×3번 [33]

13단 : 짧은뜨기 33코 [33]

14단 : (짧은뜨기 10코, 짧은 2코 넣어뜨기)×3번 [36]

15단 : 짧은뜨기 36코 [36]

먼저 모자의 올바른 위치를 결정한 다음 모자의 다른 쪽에 도달할 정도(예 40코)로 느슨한 사슬뜨기를 한다. 스트랩은 턱 아래와 귀 앞쪽에 있다. 다음 코에서 시작, 각 사슬코에 짧은뜨기 1코씩 뜬 뒤 모자에서 다음 코에 빼뜨기한다. 바느질할 실꼬리를 길게 남기고 자른다.

스트랩에 금색 실로 선을 수놓아 꾸민다. 모자 안에 솜을 넣고 머리에 핀으로 붙인다. 모자와 스트랩을 머리에 바느질한다.

발레리나 카타리나

카타리나는 수줍음이 많아서 다른 소녀들과 이야기하는 것을
거의 볼 수 없어요. 그러나 춤에 있어서는 다른 사람이 되죠.
카타리나는 주변의 모든 것을 잊어버리고 진정한 열정으로 춤을
추면서 음악의 영혼에 깊이 빠져들어요.

재료

- ✔ 뜨개실(면, 50g/105m) : 살구색, 검은색, 분홍색
- ✔ 코바늘 3mm(5호)
- ✔ 솜
- ✔ 분홍색 펠트(뺨)
- ✔ 자수용 실 : 분홍색(뺨), 검은색(얼굴)
- ✔ 튤(얇은 망사)
- ✔ 자수용 바늘
- ✔ 돗바늘
- ✔ 단수링

머리 (1개, 살구색)

위에서 아래로 코바늘뜨기한다. 손가락에 감아 원형코 만들기로 시작한다(매직링).

1단 : 짧은뜨기 6코 [6]

2단 : 짧은 2코 넣어뜨기×6번 [12]

3단 : (짧은뜨기 1코, 짧은 2코 넣어뜨기)×6번 [18]

4단 : (짧은뜨기 2코, 짧은 2코 넣어뜨기)×6번 [24]

5단 : (짧은뜨기 3코, 짧은 2코 넣어뜨기)×6번 [30]

6단 : (짧은뜨기 4코, 짧은 2코 넣어뜨기)×6번 [36]

7단 : (짧은뜨기 5코, 짧은 2코 넣어뜨기)×6번 [42]

8단 : (짧은뜨기 6코, 짧은 2코 넣어뜨기)×6번 [48]

9-19단 : 짧은뜨기 48코 [48]

20단 : (짧은뜨기 6코, 짧은 2코 모아뜨기)×6번
[42]

21단 : (짧은뜨기 5코, 짧은 2코 모아뜨기)×6번
[36]

22단 : (짧은뜨기 4코, 짧은 2코 모아뜨기)×6번
[30]

머리에 솜을 단단히 넣고 뜨면서 솜을 계속 채운
다.

23단 : (짧은뜨기 3코, 짧은 2코 모아뜨기)×6번
[24]

24단 : (짧은뜨기 2코, 짧은 2코 모아뜨기)×6번
[18]

실을 자르고 실 끝을 편물 사이로 숨겨 마무리한
다.

머리카락 (1개, 검은색)

- -

손가락에 감아 원형코 만들기로 시작한다(매직
링).

1단 : 짧은뜨기 6코 [6]

2단 : 짧은 2코 넣어뜨기×6번 [12]

3단 : (짧은뜨기 1코, 짧은 2코 넣어뜨기)×6번
[18]

4단 : (짧은뜨기 2코, 짧은 2코 넣어뜨기)×6번
[24]

5-7단 : 짧은뜨기 24코 [24]

8단 : (짧은뜨기 2코, 짧은 2코 모아뜨기)×6번
[18]

9단 : (짧은뜨기 1코, 짧은 2코 모아뜨기)×6번
[12]

10단 : 짧은 2코 넣어뜨기×12번 [24]

11단 : (짧은뜨기 3코, 짧은 2코 넣어뜨기)×6번
[30]

12단 : (짧은뜨기 4코, 짧은 2코 넣어뜨기)×6번
[36]

다리와 몸통 (1개, 분홍색+살구색)

아래에서 위로 하나의 편물로 코바늘뜨기한다.
두 다리로 시작해서 몸통으로 이어서 함께 뜬다.
분홍색 실로, 손가락에 감아 원형코 만들기로 시
작한다(매직링).

1단 : 짧은뜨기 6코 [6]

2단 : (짧은뜨기 1코, 짧은 2코 넣어뜨기)×3번
[9]

3단 : 짧은뜨기 9코 [9]

4단 : (짧은뜨기 2코, 짧은 2코 넣어뜨기)×3번
[12]

5-6단 : 짧은뜨기 12코 [12]

다리에 솜을 넣고 뜨면서 솜을 계속 채운다.

7-25단 : 살구색 실로, 짧은뜨기 12코 [12]

26단 : 짧은뜨기 7코 [7] 남은 코는 뜨지 않고 둔
다. 다음 코에 단수링을 거는데, 이 코가 다음
단의 첫코가 된다.

첫 번째 다리에서 바느질할 실꼬리를 길게 남기
고 자른다. 이 다리는 옆에 두고 두 번째 다리도
1-26단까지 도안대로 코바늘뜨기한다. 두 번째
다리에서는 실을 자르지 않고, 몸통으로 계속 이
어서 뜬다.

27단 : 이 단에서 다리를 합친다.
두 번째 다리에서 짧은뜨기 6코, 사슬뜨기 3
코, 첫 번째 다리에서 계속(단수링이 걸린 코에
서 시작), 짧은뜨기 12코, 사슬뜨기 3코, 두 번
째 다리에서 짧은뜨기 6코 [30]

28단 : 짧은뜨기 30코 [30]

첫 번째 다리에서 남겨둔 실꼬리로 다리 사이에
있는 구멍을 바느질하여 막는다.

29-32단 : 짧은뜨기 30코 [30]

33단 : 분홍색 실로, 짧은뜨기 30코 [30]

34-35단 : 뒤쪽 고리에만, 짧은이랑뜨기 30코
[30]

13단 : (짧은뜨기 5코, 짧은 2코 넣어뜨기)×6번
[42]

14단 : (짧은뜨기 6코, 짧은 2코 넣어뜨기)×6번
[48]

15-20단 : 짧은뜨기 48코 [48]

바느질할 실꼬리를 길게 남기고 자른다. 솜을 넣
고, 머리 뒤쪽에서 4-5단 건너뛰고 머리카락의
위치를 잡는다. 머리카락을 머리에 바느질하고
앞머리를 수놓는다.

눈을 자수용 검은색 실로 17단과 18단에 수놓는
다. 눈에서 몇 단 아래에 작은 입을 수놓는다.

볼에 사용할 분홍색 펠트를 2개 잘라서 분홍색
실로 바느질한다.

36단 : 짧은뜨기 30코 [30]

37단 : (짧은뜨기 8코, 짧은 2코 모아뜨기)×3번
　　　[27]

38단 : 짧은뜨기 27코 [27]

39단 : (짧은뜨기 7코, 짧은 2코 모아뜨기)×3번
　　　[24]

40-41단 : 짧은뜨기 24코 [24]

몸통에 솜을 단단히 넣고 뜨면서 솜을 계속 채운
다.

42단 : (짧은뜨기 6코, 짧은 2코 모아뜨기)×3번
　　　[21]

43단 : 짧은뜨기 21코 [21]

44단 : (짧은뜨기 5코, 짧은 2코 모아뜨기)×3번
　　　[18]

45단 : 짧은뜨기 18코 [18]

46단 : **살구색** 실로, 짧은뜨기 18코 [18]

바느질할 실꼬리를 길게 남기고 마무리한다.

분홍색 실로, 신발 위에 크로스로 수놓는다. 위로
올라가면서 다리에 실을 두 번 감은 후 다시 두
번 감아 처음 시작한 곳으로 돌아온다. 앞면과 뒷
면의 크로스 무늬를 고정시킨다.

치마 (1개, 분홍색)

몸통의 열린 부분을 몸 쪽으로 하고 35단의 남은
앞쪽 고리에서 몸통 주위 가장자리를 코바늘뜨기
한다.

1단 : 새 실을 바늘에 걸어와 사슬뜨기 2코, 한길
　　　긴 2코 넣어뜨기×30번, 첫코에 빼뜨기 [60]

2단 : 사슬뜨기 2코, 한길긴뜨기 60코, 첫코에 빼
　　　뜨기 [60]

실을 자르고 실 끝을 편물 사이로 숨겨 마무리한
다.

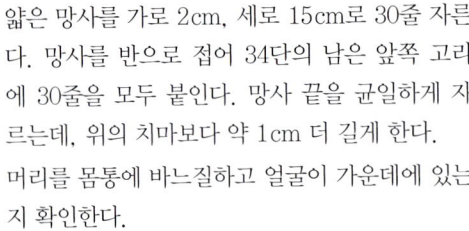

얇은 망사를 가로 2cm, 세로 15cm로 30줄 자른
다. 망사를 반으로 접어 34단의 남은 앞쪽 고리
에 30줄을 모두 붙인다. 망사 끝을 균일하게 자
르는데, 위의 치마보다 약 1cm 더 길게 한다.
머리를 몸통에 바느질하고 얼굴이 가운데에 있는
지 확인한다.

팔 (2개, 살구색+분홍색)

- -

살구색 실로, 손가락에 감아 원형코 만들기로 시
작한다(매직링).

1단 : 짧은뜨기 8코 [8]

2-17단 : 짧은뜨기 8코 [8]

몇 단을 뜬 후에 팔에 솜을 채운다. 팔의 윗부분
에는 솜을 넣지 않는다.

18-20단 : 분홍색 실로, 짧은뜨기 8코 [8]

다음 단은 팔을 납작하게 만들고 두 겹을 통과시
켜 코바늘뜨기한다.

21단 : 짧은뜨기 4코 [4]

바느질할 실꼬리를 길게 남기고 자른다. 팔을 몸
통 양쪽에, 위에서 1단에 꿰맨다.

얇은 망사를 나비 모양으로 잘라 머리카락을 장
식하여 마무리한다.

트롤 소녀 론자

트롤이 어디에 사는지 또는 어떻게
생겼는지는 아무도 몰라요. 트롤이 무엇을
먹고 어떤 소리를 내는지에 대한 단서도
없죠. 하지만 트롤은 존재해요. 트롤은 거리를
유지하고 조용히 생활하며 그들 자신 트롤의
일을 하고 싶어 해요.

재료

- ✔ 뜨개실(면, 50g/100m) : 베이지색, 갈색
- ✔ 머리카락용 울실(50g/80m)
- ✔ 코바늘 3mm(5호)
- ✔ 솜
- ✔ 눈 21mm
- ✔ 자수용 실 : 검은색, 갈색(얼굴)
- ✔ 돗바늘
- ✔ 단수링

다리, 몸통, 머리 (1개, 베이지색)

아래에서 위로 하나의 편물로 코바늘뜨기한다.
두 다리로 시작해서 몸통, 머리 순으로 함께 뜬
다. 손가락에 감아 원형코 만들기로 시작한다(매
직링).

1단 : 짧은뜨기 6코 [6]

2단 : 짧은 2코 넣어뜨기×6번 [12]

3단 : (짧은뜨기 1코, 짧은 2코 넣어뜨기)×6번
[18]

4단 : (짧은뜨기 2코, 짧은 2코 넣어뜨기)×6번
[24]

5단 : 짧은뜨기 5코, 뒤쪽 고리에만 짧은이랑뜨
기 12코, 짧은뜨기 7코 [24]

6단 : 짧은뜨기 24코 [24]

7단 : 짧은뜨기 6코, 짧은 2코 모아뜨기×6번, 짧
은뜨기 6코 [18]

8단 : 짧은뜨기 6코, 짧은 2코 모아뜨기×3번, 짧은뜨기 6코 [15]

9단 : (짧은뜨기 3코, 짧은 2코 모아뜨기)×3번 [12]

다리에 솜을 넣고 뜨면서 솜을 계속 채운다.

10-12단 : 짧은뜨기 12코 [12]

13단 : (짧은뜨기 3코, 짧은 2코 넣어뜨기)×3번 [15]

14-16단 : 짧은뜨기 15코 [15]

17단 : 짧은뜨기 6코 [6] 남은 코는 뜨지 않고 둔다. 다음 코에 단수링을 거는데, 이 코가 다음 단의 첫코가 된다.

첫 번째 다리에서 바느질할 실꼬리를 길게 남기고 자른다. 이 다리는 옆에 두고 두 번째 다리도 1-16단까지 도안대로 코바늘뜨기한다(17단은 건너뜀). 두 번째 다리에서는 실을 자르지 않고, 몸통으로 계속 이어서 뜬다.

다리를 연결하기 전에 5단의 남은 앞쪽 고리에 발가락을 뜬다. 발바닥을 몸 쪽으로 잡고 베이지색 실을 연결하여 사슬뜨기 1코, 같은 코에 한길긴 3코 구슬뜨기, 사슬뜨기 1코, 빼뜨기 1코, (사슬뜨기 1코, 한길긴 3코 구슬뜨기, 사슬뜨기 1코, 빼뜨기 1코)×5번.

실 끝을 편물 사이로 숨겨 마무리한다.

18단 : 이 단에서 다리를 합친다. 두 번째 다리에서 짧은뜨기 13코, 사슬뜨기 5코, 첫 번째 다리에서 계속(단수링 걸린 코에서 시작), 첫 번째 다리에서 짧은뜨기 15코, 사슬뜨기 5코, 두 번째 다리에서 짧은뜨기 2코 [40]

19단 : 짧은뜨기 40코 [40]

첫 번째 다리에서 남겨둔 실꼬리로 다리 사이에 있는 구멍을 바느질하여 막는다.

20-26단 : 짧은뜨기 40코 [40]

27-28단 : 뒤쪽 고리에만, 짧은이랑뜨기 40코 [40]

29단 : 짧은뜨기 40코 [40]

30단 : (짧은뜨기 6코, 짧은 2코 모아뜨기)×5번
[35]

31단 : 짧은뜨기 35코 [35]

다리와 몸통의 반에 솜을 넣고 뜨면서 솜을 계속
채운다.

32단 : (짧은뜨기 5코, 짧은 2코 모아뜨기)×5번
[30]

33단 : 짧은뜨기 30코 [30]

34단 : (짧은뜨기 3코, 짧은 2코 모아뜨기)×6번
[24]

35-39단 : 짧은뜨기 24코 [24]

40단 : (짧은뜨기 2코, 짧은 2코 모아뜨기)×6번
[18]

41단 : (짧은뜨기 4코, 짧은 2코 모아뜨기)×3번
[15]

42단 : 짧은 2코 넣어뜨기×15번 [30]

43단 : (짧은뜨기 4코, 짧은 2코 넣어뜨기)×6번
[36]

44단 : (짧은뜨기 5코, 짧은 2코 넣어뜨기)×6번
[42]

45단 : (짧은뜨기 6코, 짧은 2코 넣어뜨기)×6번
[48]

46단 : (짧은뜨기 7코, 짧은 2코 넣어뜨기)×6번
[54]

47-51단 : 짧은뜨기 54코 [54]

52단 : 짧은뜨기 27코, (짧은 2코 모아뜨기, 짧은
뜨기 2코)×6번, 짧은뜨기 3코 [48]

53단 : 짧은뜨기 48코 [48]

54단 : (짧은뜨기 6코, 짧은 2코 모아뜨기)×6번
[42]

55단의 첫코에 단수링을 걸어 눈의 위치를 표시
한다.

55-56단 : 짧은뜨기 42코 [42]

57단 : (짧은뜨기 5코, 짧은 2코 모아뜨기)×6번
[36]

58-59단 : 짧은뜨기 36코 [36]

눈을 55단과 56단 사이에, 단수링에서 24코를
세고 다음 코에 첫 번째 눈을 넣는다. 두 번째 눈
은 9코 떨어져서 넣는다. 와셔를 끼워 눈을 고정
시킨다.

60단 : (짧은뜨기 4코, 짧은 2코 모아뜨기)×6번
[30]

61단 : 뒤쪽 고리에만, 짧은이랑뜨기 30코 [30]

62단 : (짧은뜨기 3코, 짧은 2코 모아뜨기)×6번
[24]

63단 : (짧은뜨기 2코, 짧은 2코 모아뜨기)×6번
[18]

64단 : 짧은뜨기 18코 [18]

65단 : (짧은뜨기 1코, 짧은 2코 모아뜨기)×6번
[12]

66단 : 짧은뜨기 12코 [12]

67단 : 짧은 2코 모아뜨기×6번 [6]

실꼬리를 길게 남기고 자른 뒤 실꼬리를 돗바늘에 꿰어 단단히 당겨서 구멍을 막는다. 실 끝은 편물 사이로 숨긴다.

치마 (1개, 갈색)

다리를 몸 쪽으로 놓고 27단과 28단의 남은 앞쪽 고리에 코바늘뜨기한다.

1단 : 바늘에 새 실을 걸어와 사슬뜨기 1코, 짧은
　　　뜨기 80코 [80]

2단 : 편물을 돌려, 반대방향으로 뜬다. (사슬뜨
　　　기 8코, 빼뜨기 1코)를 첫 단의 시작점으로 돌
　　　아올 때까지 반복한다.

실을 자르고 실 끝을 편물 사이로 숨겨 마무리한다.

머리카락

머리카락용 실을 20cm 길이로 30개 정도 자른다. 61단의 앞쪽 고리에 코바늘을 이용하여 한 가닥씩 붙인다. 고리를 통과시켜 당겨서 반 정도에서 매달리게 두는 게 가장 좋다. 머리 꼭대기에서 머리카락 가닥을 모두 모아서 다른 가닥으로 묶어준다. 매듭을 단단하게 만들고 실 끝을 숨긴다. 길게 튀어나오는 부분은 잘라낸다.

귀 (2개, 베이지색)

손가락에 감아 원형코 만들기로 시작한다(매직링).

1단 : 짧은뜨기 6코 [6]

2단 : 짧은 2코 넣어뜨기×6번 [12]

3단 : (짧은뜨기 1코, 짧은 2코 넣어뜨기)×6번
　　　[18]

4단 : (짧은뜨기 2코, 짧은 2코 넣어뜨기)×6번
　　　[24]

5단 : (짧은뜨기 3코, 짧은 2코 넣어뜨기) × 6번
　[30]

6단 : 짧은뜨기 30코 [30]

7단 : 열린 부분을 납작하게 만들고 다음 코는 두
　겹에 통과시켜 코바늘뜨기, 짧은뜨기 7코, 이
　어서 한 겹 코바늘뜨기, (짧은 2코 모아뜨기) ×
　8번 [15]

바느질할 실꼬리를 길게 남기고 자른다. 귀에는
솜을 넣을 필요가 없다. 마지막 8코를 머리카락
에서 8단 아래의 머리에 바느질한다.

큰 입을 48−50단에 검은색 실로 수놓는다. 주근
깨는 입꼬리 근처에 갈색 실로 프렌치노트를 수
놓는다.

팔 (2개, 베이지색)

손가락에 감아 원형코 만들기로 시작한다(매직
링).

1단 : 짧은뜨기 6코 [6]

2단 : 짧은 2코 넣어뜨기 × 6번 [12]

3−4단 : 짧은뜨기 12코 [12]

5단 : (짧은뜨기 2코, 짧은 2코 모아뜨기) × 3번
　[9]

팔에 솜을 넣고 뜨면서 솜을 계속 채운다.

6−13단 : 짧은뜨기 9코 [9]

14단 : (짧은뜨기 2코, 짧은 2코 넣어뜨기) × 3번
　[12]

15−18단 : 짧은뜨기 12코 [12]

19단 : (짧은뜨기 1코, 짧은 2코 모아뜨기) × 4번
　[8]

바느질할 실꼬리를 길게 남기고 자른다. 위쪽을
납작하게 만들고 꿰매어 막는다. 팔을 몸통 맨 위
에서 첫 번째 단에 바느질한다. 어깨를 몸통의 옆
면에 몇 땀 떠서 꿰맨다.

배꼽을 베이지색 실로 수놓는다.

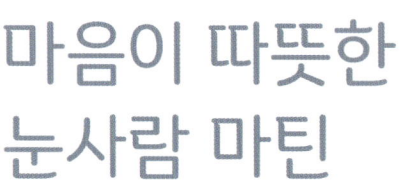

마음이 따뜻한
눈사람 마틴

눈사람을 지나칠 때마다 사람들이 작은 내면의 미소를
짓는다는 것을 알고 있었나요? 눈사람이 미소를 모으기
때문이에요. 애매한 감정을 마음속에 담아 지치고 힘든
사람들에게 전하죠. 봄에는 날씨 때문에 눈사람이
녹아내린 것 같지만 속지 마세요. 사실은 눈사람의
마음이 따뜻한 마음으로 가득 차서 녹아버린 거예요.

난이도 : ★★☆

사용 기법 : 짧은뜨기

완성 크기 : 22cm

재료

- ✔ 뜨개실(면, 50g/90m) : 흰색, 주황색, 연회색, 검은색, 녹색
- ✔ 코바늘 3mm(5호)
- ✔ 솜
- ✔ 눈 8mm
- ✔ 분홍색 펠트(뺨)
- ✔ 자수용 실 : 분홍색(뺨), 검은색(입과 단추)
- ✔ 자수용 바늘
- ✔ 돗바늘

머리 (1개, 흰색)

- -

위에서 아래로 코바늘뜨기한다. 손가락에 감아 원형코 만들기로 시작한다(매직링).

1단 : 짧은뜨기 6코 [6]

2단 : 짧은 2코 넣어뜨기×6번 [12]

3단 : (짧은뜨기 1코, 짧은 2코 넣어뜨기)×6번 [18]

4단 : (짧은뜨기 2코, 짧은 2코 넣어뜨기)×6번 [24]

5단 : (짧은뜨기 3코, 짧은 2코 넣어뜨기)×6번 [30]

6단 : (짧은뜨기 4코, 짧은 2코 넣어뜨기)×6번 [36]

7단 : (짧은뜨기 5코, 짧은 2코 넣어뜨기)×6번 [42]

8단 : (짧은뜨기 6코, 짧은 2코 넣어뜨기)×6번 [48]

9－13단 : 짧은뜨기 48코 [48]

14단 : (짧은뜨기 7코, 짧은 2코 넣어뜨기)×6번
[54]

15－19단 : 짧은뜨기 54코 [54]

눈을 13단과 14단 사이에 7코 간격을 두고 넣는
다. 와셔를 끼워 고정시킨다.

20단 : (짧은뜨기 7코, 짧은 2코 모아뜨기)×6번
[48]

21단 : (짧은뜨기 6코, 짧은 2코 모아뜨기)×6번
[42]

22단 : (짧은뜨기 5코, 짧은 2코 모아뜨기)×6번
[36]

머리에 솜을 단단히 넣고 뜨면서 솜을 계속 채운
다.

23단 : (짧은뜨기 4코, 짧은 2코 모아뜨기)×6번
[30]

24단 : (짧은뜨기 3코, 짧은 2코 모아뜨기)×6번
[24]

25단 : (짧은뜨기 2코, 짧은 2코 모아뜨기)×6번
[18]

실을 자르고 실 끝을 편물 사이로 숨겨 마무리한
다.

당근 코 (1개, 주황색)

손가락에 감아 원형코 만들기로 시작한다(매직
링).

1단 : 짧은뜨기 6코 [6]

2단 : 짧은뜨기 6코 [6]

3단 : 짧은뜨기 5코, 짧은 2코 넣어뜨기 [7]

4단 : 짧은뜨기 3코, 짧은 2코 넣어뜨기, 짧은뜨
기 3코 [8]

5단 : 짧은뜨기 7코, 짧은 2코 넣어뜨기 [9]

6단 : 짧은뜨기 4코, 짧은 2코 넣어뜨기, 짧은뜨
기 4코 [10]

7단 : 짧은뜨기 9코, 짧은 2코 넣어뜨기 [11]

바느질할 실꼬리를 길게 남기고 자른다. 코에 솜을 아주 조금 채우고 머리의 15−17단에 바느질한다. 뺨으로 사용할 분홍색 펠트 두 조각을 잘라서 얼굴에 바느질한다. 검은색 실로 입을 수놓는다.

몸통 (1개, 흰색)

- -

아래에서 위로 코바늘뜨기한다. 손가락에 감아 원형코 만들기로 시작한다(매직링).

1단 : 짧은뜨기 6코 [6]

2단 : 짧은 2코 넣어뜨기×6번 [12]

3단 : (짧은뜨기 1코, 짧은 2코 넣어뜨기)×6번 [18]

4단 : (짧은뜨기 2코, 짧은 2코 넣어뜨기)×6번 [24]

5단 : (짧은뜨기 3코, 짧은 2코 넣어뜨기)×6번 [30]

6단 : (짧은뜨기 4코, 짧은 2코 넣어뜨기)×6번 [36]

7단 : (짧은뜨기 5코, 짧은 2코 넣어뜨기)×6번 [42]

8단 : (짧은뜨기 6코, 짧은 2코 넣어뜨기)×6번 [48]

9단 : (짧은뜨기 7코, 짧은 2코 넣어뜨기)×6번 [54]

10단 : (짧은뜨기 8코, 짧은 2코 넣어뜨기)×6번 [60]

11단 : (짧은뜨기 9코, 짧은 2코 넣어뜨기)×6번 [66]

12−26단 : 짧은뜨기 66코 [66]

27단 : (짧은뜨기 9코, 짧은 2코 모아뜨기)×6번 [60]

28단 : (짧은뜨기 8코, 짧은 2코 모아뜨기)×6번 [54]

29단 : (짧은뜨기 7코, 짧은 2코 모아뜨기)×6번 [48]

30단 : (짧은뜨기 6코, 짧은 2코 모아뜨기)×6번 [42]

몸통에 솜을 넣고 뜨면서 솜을 계속 채운다. 몸통에 솜이 단단히 채워졌는지 확인한다.

31−40단 : 짧은뜨기 42코 [42]

41단 : (짧은뜨기 5코, 짧은 2코 모아뜨기)×6번 [36]

42단 : (짧은뜨기 4코, 짧은 2코 모아뜨기)×6번 [30]

43단 : (짧은뜨기 3코, 짧은 2코 모아뜨기)×6번 [24]

44단 : (짧은뜨기 2코, 짧은 2코 모아뜨기)×6번 [18]

바느질할 실꼬리를 길게 남기고 자른 뒤 머리를 몸통에 바느질한다.

다리 (2개, 흰색)

- -

손가락에 감아 원형코 만들기로 시작한다(매직
링).

1단 : 짧은뜨기 6코 [6]

2단 : 짧은 2코 넣어뜨기×6번 [12]

3단 : (짧은뜨기 1코, 짧은 2코 넣어뜨기)×6번
[18]

4단 : (짧은뜨기 2코, 짧은 2코 넣어뜨기)×6번
[24]

5-8단 : 짧은뜨기 24코 [24]

9단 : (짧은뜨기 6코, 짧은 2코 모아뜨기)×3번
[21]

10단 : 짧은뜨기 21코 [21]

11단 : (짧은뜨기 5코, 짧은 2코 모아뜨기)×3번
[18]

12단 : 짧은뜨기 18코 [18]

13단 : (짧은뜨기 4코, 짧은 2코 모아뜨기)×3번
[15]

14단 : 짧은뜨기 15코 [15]

바느질할 실꼬리를 길게 남기고 자른다. 다리에
솜을 채운다. 다리 두 개를 몸통 아래에서 11단
에 10코 간격을 두고 바느질한다.

팔 (2개, 연회색+흰색)

- -

나뭇가지 두 개로 시작해서 나중에 함께 코바늘
뜨기한다. **연회색** 실로, 손가락에 감아 원형코 만
들기로 시작한다(매직링).

1단 : 짧은뜨기 6코 [6]

2-4단 : 짧은뜨기 6코 [6] 다음 코에 단수링을 거
는데, 이 코가 다음 단의 첫코가 된다.

첫 번째 나뭇가지에서 바느질할 실꼬리를 길게
남기고 자른다. 이 나뭇가지는 옆에 두고 두 번째
나뭇가지도 1-4단까지 도안대로 코바늘뜨기한
다. 두 번째 나뭇가지에서는 실을 자르지 않고,
이어서 뜬다.

5-7단 : 짧은뜨기 6코 [6]

8단 : 이 단에서 팔을 합친다.

두 번째 나뭇가지에서 짧은뜨기 3코, 첫 번째
나뭇가지에서 계속(단수링 걸린 코에서 시작),
첫 번째 나뭇가지에서 짧은뜨기 6코, 두 번째
나뭇가지에서 짧은뜨기 3코 [12]

9단 : (짧은뜨기 2코, 짧은 2코 모아뜨기)×3번
[9]

첫 번째 나뭇가지에서 남겨둔 실꼬리로 다리 사
이에 있는 구멍을 바느질하여 막는다.

10단 : 짧은뜨기 9코 [9]

11단 : (짧은뜨기 1코, 짧은 2코 모아뜨기)×3번
[6]

12-13단 : 짧은뜨기 6코 [6]

14단 : 흰색 실로, 짧은 2코 넣어뜨기×6번 [12]

15단 : (짧은뜨기 1코, 짧은 2코 넣어뜨기)×6번
[18]

16-18단 : 짧은뜨기 18코 [18]

바느질할 실꼬리를 길게 남기고 자른 뒤 흰색 부분에만 솜을 채운다. 팔 하나는 몸통 위에서 4번째 단에, 다른 하나는 5번째 단에 바느질해야 사실적인 느낌이 든다.

모자 (1개, 검은색+연회색)

- -

검은색 실로, 손가락에 감아 원형코 만들기로 시작한다(매직링).

1단 : 짧은뜨기 6코 [6]

2단 : 짧은 2코 넣어뜨기×6번 [12]

3단 : (짧은뜨기 1코, 짧은 2코 넣어뜨기)×6번 [18]

4단 : (짧은뜨기 2코, 짧은 2코 넣어뜨기)×6번 [24]

5단 : 뒤쪽 고리에만, 짧은이랑뜨기 24코 [24]

6단 : 짧은뜨기 24코 [24]

7단 : (짧은뜨기 3코, 짧은 2코 넣어뜨기)×6번 [30]

8단 : 짧은뜨기 30코 [30]

9단 : (짧은뜨기 4코, 짧은 2코 넣어뜨기)×6번 [36]

10단 : 짧은뜨기 36코 [36]

11단 : (짧은뜨기 5코, 짧은 2코 넣어뜨기)×6번 [42]

12단 : 짧은뜨기 42코 [42]

13단 : 앞쪽 고리에만, 짧은이랑뜨기 42코 [42]

바느질할 실꼬리를 길게 남기고 자른다. 모자에 솜을 넣고 약간 한쪽으로 치우치게 위치를 잡는다. **연회색** 실로, 모자의 가장자리를 2코씩 건너뛰며 바느질한다. 남은 뒤쪽 고리를 이용하여 머리에 꿰맨다.

스카프 (1개, 녹색)

평단 뜨기한다.

1단 : 사슬뜨기 4코, 바늘에서 두 번째 코에서 시
　　작, 짧은뜨기 3코 [3]

2단 : 편물 돌려, 사슬뜨기 1코, 뒤쪽 고리에만
　　짧은이랑뜨기 3코 [3]

목에 둘러 묶을 수 있을 만큼 충분한 길이가 될
때까지 2단을 반복한다. 실을 자르고 실 끝을 편
물 사이로 숨겨 마무리한다.

천사 인형

이 세상에 아이가 태어날 때마다 천사가
와서 이 세상을 인도하고 보호해줘요.
천사는 부모가 가까이 있지 않을 때
아이의 긁힌 무릎에 키스를 해주고,
세상에 정의가 없을 때 눈물을 닦아주고,
특히 크고 작은 감정을 표현하기가
어려울 때 올바른 말을 속삭여줘요.

난이도 : ★★★

사용 기법 : 빼뜨기, 짧은뜨기, 긴뜨기,
　　　　　　 한길긴뜨기

완성 크기 : 22cm

재료

✔ 뜨개실(면, 50g/100m) : 흰색, 분홍색, 갈색,
　 베이지색

✔ 머리카락용 울실(모헤어, 50g/189m)

✔ 날개용(50g/118m) : 금사

✔ 코바늘 3mm(5호)

✔ 솜

✔ 눈 6mm

✔ 자수용 실 : 갈색, 분홍색(얼굴)

✔ 비즈용 실 : 흰색

✔ 스팽글, 비즈

✔ 비즈 바늘

✔ 돗바늘

✔ 단수링

머리와 몸통 (1개, 흰색+분홍색)

위에서 아래로 하나의 편물로 코바늘뜨기한다.

흰색 실로, 손가락에 감아 원형코 만들기로 시작
한다(매직링).

1단 : 짧은뜨기 6코 [6]

2단 : 짧은 2코 넣어뜨기×6번 [12]

3단 : (짧은뜨기 1코, 짧은 2코 넣어뜨기)×6번
　　　[18]

4단 : (짧은뜨기 2코, 짧은 2코 넣어뜨기)×6번
　　　[24]

5단 : (짧은뜨기 3코, 짧은 2코 넣어뜨기)×6번
　　　[30]

6단 : (짧은뜨기 4코, 짧은 2코 넣어뜨기)×6번
　　　[36]

7단 : (짧은뜨기 5코, 짧은 2코 넣어뜨기)×6번
　　　[42]

8단 : (짧은뜨기 6코, 짧은 2코 넣어뜨기)×6번
  [48]

9-15단 : 짧은뜨기 48코 [48]

16단의 첫코에 단수링을 걸어 눈의 위치를 표시
한다.

16-18단 : 짧은뜨기 48코 [48]

19단 : (짧은뜨기 6코, 짧은 2코 모아뜨기)×6번
  [42]

20단 : (짧은뜨기 5코, 짧은 2코 모아뜨기)×6번
  [36]

눈을 16단과 17단 사이에 단수링에서 21코를 세
고 다음 코에 첫 번째 눈을 넣는다. 두 번째 눈은
10코 떨어져서 넣는다. 와셔를 끼워 눈을 고정시
킨다. 머리에 솜을 단단히 넣고 뜨면서 솜을 계속
채운다.

21단 : (짧은뜨기 4코, 짧은 2코 모아뜨기)×6번
  [30]

22단 : (짧은뜨기 3코, 짧은 2코 모아뜨기)×6번
  [24]

23단 : (짧은뜨기 2코, 짧은 2코 모아뜨기)×6번
  [18]

24단 : (짧은뜨기 1코, 짧은 2코 모아뜨기)×6번
  [12]

25-26단 : 짧은뜨기 12코 [12]

27단 : (짧은뜨기 1코, 짧은 2코 넣어뜨기)×6번
  [18]

28단 : 짧은뜨기 18코 [18]

29단 : 분홍색 실로, (짧은뜨기 2코, 짧은 2코 넣
  어뜨기)×6번 [24]

30-31단 : 짧은뜨기 24코 [24]

32단 : (짧은뜨기 3코, 짧은 2코 넣어뜨기)×6번
  [30]

33-34단 : 짧은뜨기 30코 [30]

35단 : (짧은뜨기 4코, 짧은 2코 넣어뜨기)×6번
  [36]

36-42단 : 짧은뜨기 36코 [36]

43단 : 앞쪽 고리에만, (빼뜨기 1코, 사슬뜨기 1
  코, 긴뜨기 2코)×18번 [72]

바느질할 실꼬리를 길게 남기고 자른 뒤 몸통에
솜을 채운다. 실꼬리가 오른쪽 모서리에 남아 있
도록 몸통을 평평하게 만든다. 43단에서 사용하
지 않은 뒤쪽 고리를 이용해 봉합한다. 드레스의
양쪽 모서리에 솜이 충분히 채워졌는지 확인한
다.

다리 (2개, 갈색+흰색+베이지색)

- -

갈색 실로, 손가락에 감아 원형코 만들기로 시작
한다(매직링).

1단 : 짧은뜨기 5코 [5]

2단 : 짧은 2코 넣어뜨기×5번 [10]

3-4단 : 짧은뜨기 10코 [10]

다리 끝에 솜을 넣고 뜨면서 솜을 계속 채운다.
다리 윗부분은 더 가볍게 채운다.

흰색 실과 베이지색 실을 매단 번갈아가며 떠서 줄무늬 패턴을 만든다.

5−10단 : 짧은뜨기 10코 [10]

11−22단 : 흰색 실로, 짧은뜨기 10코 [10]

바느질할 실꼬리를 길게 남기고 자른다. 다리를 납작하게 만들고 몇 땀 떠서 봉합한다. 다리를 몸통의 아래에, 원피스의 프릴 사이에 바느질한다.

팔 (2개, 흰색+분홍색)
- -

흰색 실로, 손가락에 감아 원형코 만들기로 시작한다(매직링).

1단 : 짧은뜨기 8코 [8]

2−12단 : 짧은뜨기 8코 [8]

팔의 절반을 솜으로 채운다.

13−16단 : 분홍색 실로, 짧은뜨기 8코 [8]

바느질할 실꼬리를 길게 남기고 자른다. 팔을 납작하게 만들고 몇 땀 떠서 봉합한다. 팔을 원피스

의 테두리 부분 몸통에 바느질한다.

입을 19단과 20단 사이에 갈색 실로 수놓고, 눈썹도 수놓는다. 뺨에 분홍색 실로 대각선을 몇 개 수놓는다.

원피스 앞뒤를 스팽글과 비즈로 꾸민다. 비즈 바늘을 몸통에서 빼내어 스팽글과 비즈를 넣고, 비즈는 건너뛰고 스팽글을 통해서만 바늘을 넣는다. 다른 장식을 추가하려면 다음 위치로 이동한다.

날개 (2개, 베이지색)
- -

평단 뜨기한다.

1단 : 사슬뜨기 11코, 바늘에서 두 번째 코에서 시작, 짧은뜨기 10코 [10]

다음 단들은 뒤쪽 고리에만 뜬다.

2단 : 편물 돌려, 사슬뜨기 1코, 같은 코에 짧은이랑뜨기 1코, 짧은이랑뜨기 7코 [8]

3단 : 편물 돌려, 사슬뜨기 1코, 짧은이랑뜨기 8코 [8]

4단 : 편물 돌려, 사슬뜨기 1코, 같은 코에 짧은
　　이랑뜨기 1코, 짧은이랑뜨기 5코 [6] 남은 코는
　　뜨지 않고 둔다.

5단 : 편물 돌려, 사슬뜨기 1코, 짧은이랑뜨기 6
　　코 [6]

6단 : 편물 돌려, 사슬뜨기 1코, 같은 코에 짧은
　　이랑뜨기 1코, 짧은이랑뜨기 3코 [4] 남은 코는
　　뜨지 않고 둔다.

7단 : 편물 돌려, 사슬뜨기 1코, 짧은이랑뜨기 4
　　코 [4]

다음 단들은 양쪽 고리 모두 뜬다. 뜨개질한 것을
4분의 1정도 돌리고(들쭉날쭉한 부분을 아래로
잡고 들쭉날쭉한 부분의 반대쪽을 뜬다) 평단 끝
까지 뜬다. 날개의 옆면을 뜬다.

8단 : 사슬뜨기 1코, 짧은뜨기 7코 [7]

9단 : 편물 돌려, 사슬뜨기 2코, 한길긴 7코 모아
　　뜨기. 사슬 하나로 끝을 고정시킨다. 실을 자
　　르고 실 끝을 편물 사이로 숨긴다.

금색 실로 날개를 완성한다. 날개가 서로 대칭이
되는지 확인한다. 날개를 완성한 곳에서 시작한
다. 편물 둘레에 짧은뜨기 1코씩하고 모든 코너
에는 짧은 2코 넣어뜨기. 첫코에 빼뜨기하여 완
성한다. 바느질할 실꼬리를 길게 남기고 자른다.
금색 실로 가로선 또는 세로선을 추가하여 날개
를 더 빛나게 만들 수 있다. 윗부분에 바늘로 몇
땀 떠서 꿰맨다. 인형 등에 날개를 붙인다. 뾰족
한 끝이 위 또는 아래를 향하도록 날개 자리를 정
할 수 있다.

머리카락

35-36쪽의 설명을 참고하여 너비 11cm(또는
인형 머리 크기에 필요한 만큼)인 가발을 만든다.
가발을 머리에 바느질하고 머리카락을 땋아 머리
카락 색과 같은 색 자수실로 묶는다. 앞머리로 길
이가 다르게 몇 땀 수놓는다.

아기 레오

아기 레오에게 매일 새로운 일이 일어나요.
거대한 벌이 방을 날아다니고 엄마가
식탁에 남겨둔 케이크 조각에 앉는 모습을
보는 것과 같은 흥미로운 볼거리가 많이
있죠. 또는 레오 형이 지난번에 쌓은 블록의
높은 탑처럼. 놀라운 광경!

재료

- ✔ 뜨개실(면, 50g/100m) : 베이지색, 흰색
- ✔ 코바늘 3mm(5호)
- ✔ 솜
- ✔ 눈 8mm
- ✔ 분홍색 펠트(뺨)
- ✔ 자수용 실 : 분홍색(뺨), 검은색(입)
- ✔ 자수용 바늘
- ✔ 돗바늘
- ✔ 단수링

머리 (1개, 베이지색)

머리카락으로 시작하여 위에서 아래로 코바늘뜨기한다.

1단 : 사슬뜨기 8코. 바늘에서 두 번째 코에서 시작, 짧은 2코 넣어뜨기, 짧은뜨기 1코, 짧은 2코 넣어뜨기×3번, 짧은뜨기 1코(이 코에 단수링을 건다. 다음 단의 첫코다), 같은 사슬코에 짧은 5코 넣어뜨기 [16]

단수링을 한 첫코에, 마지막 짧은뜨기 6코에 이어서 뜬다. 머리의 오른쪽에 머리카락을 유지한다.

2단 : 짧은 2코 넣어뜨기×6번 [12]

3단 : (짧은뜨기 1코, 짧은 2코 넣어뜨기)×6번 [18]

4단 : (짧은뜨기 2코, 짧은 2코 넣어뜨기)×6번 [24]

5단 : (짧은뜨기 3코, 짧은 2코 넣어뜨기)×6번
[30]

6단 : (짧은뜨기 4코, 짧은 2코 넣어뜨기)×6번
[36]

7단 : (짧은뜨기 5코, 짧은 2코 넣어뜨기)×6번
[42]

8–12단 : 짧은뜨기 42코 [42]

12단의 첫코에 단수링을 걸어 눈의 위치를 표시한다.

13단 : 짧은뜨기 28코, (짧은 2코 넣어뜨기, 짧은뜨기 1코)×2번, 짧은 2코 넣어뜨기, 짧은뜨기 4코, (짧은 2코 넣어뜨기, 짧은뜨기 1코)×2번, 짧은 2코 넣어뜨기 [48]

14단 : 짧은뜨기 48코 [48]

15단 : (짧은뜨기 7코, 짧은 2코 넣어뜨기)×6번
[54]

16–18단 : 짧은뜨기 54코 [54]

눈을 12단과 13단 사이, 단수링에서 32코를 세어 다음 코에 첫 번째 눈을 넣는다. 6코 떨어져서 두 번째 눈을 넣는다. 와셔를 끼워 고정시킨다.

19단 : (짧은뜨기 7코, 짧은 2코 모아뜨기)×6번
[48]

20단 : (짧은뜨기 6코, 짧은 2코 모아뜨기)×6번
[42]

21단 : (짧은뜨기 5코, 짧우 2코 모아뜨기)×6번
[36]

22단 : (짧은뜨기 4코, 짧은 2코 모아뜨기)×6번
[30]

머리에 솜을 단단히 넣고 뜨면서 솜을 계속 채운다.

23단 : (짧은뜨기 3코, 짧은 2코 모아뜨기)×6번
[24]

24단 : (짧은뜨기 2코, 짧은 2코 모아뜨기)×6번
[18]

실을 자르고 실 끝을 편물 사이로 숨겨 마무리한다.

귀 (2개, 베이지색)

손가락에 감아 원형코 만들기로 시작한다(매직링).

1단 : 짧은뜨기 6코 [6]

2단 : 짧은 2코 넣어뜨기×6번 [12]

3단 : 짧은뜨기 12코 [12]

바느질할 실꼬리를 길게 남기고 자른다. 귀를 머리 15−18단에서 양쪽에 바느질한다. 분홍색 펠트 두 조각을 잘라서 뺨의 위치에 바느질한다. 입을 18단과 19단 사이에 검은색 자수실로 수놓는다.

몸통 (1개, 흰색+베이지색)

흰색 실로, 손가락에 감아 원형코 만들기로 시작한다(매직링).

1단 : 짧은뜨기 6코 [6]

2단 : 짧은 2코 넣어뜨기×6번 [12]

3단 : (짧은뜨기 1코, 짧은 2코 넣어뜨기)×6번 [18]

4단 : (짧은뜨기 2코, 짧은 2코 넣어뜨기)×6번 [24]

5단 : (짧은뜨기 3코, 짧은 2코 넣어뜨기)×6번 [30]

6단 : (짧은뜨기 4코, 짧은 2코 넣어뜨기)×6번 [36]

7단 : (짧은뜨기 5코, 짧은 2코 넣어뜨기)×6번 [42]

8−12단 : 짧은뜨기 42코 [42]

13단 : 베이지색 실로, 뒤쪽 고리에만 짧은이랑뜨기 42코 [42]

14단 : (짧은뜨기 5코, 짧은 2코 모아뜨기)×6번 [36]

15−16단 : 짧은뜨기 36코 [36]

17단 : (짧은뜨기 4코, 짧은 2코 모아뜨기)×6번 [30]

18-20단 : 짧은뜨기 30코 [30]

몸통에 솜을 단단히 넣고 뜨면서 솜을 계속 채운다.

21단 : (짧은뜨기 3코, 짧은 2코 모아뜨기)×6번 [24]

22단 : (짧은뜨기 2코, 짧은 2코 모아뜨기)×6번 [18]

23-24단 : 짧은뜨기 18코 [18]

바느질할 실꼬리를 길게 남기고 자른 뒤 머리를 몸통에 바느질한다.

다리 (2개, 베이지색)

손가락에 감아 원형코 만들기로 시작한다(매직링).

1단 : 짧은뜨기 6코 [6]

2단 : 짧은 2코 넣어뜨기×6번 [12]

3단 : (짧은뜨기 1코, 짧은 2코 넣어뜨기)×6번 [18]

4단 : (짧은뜨기 2코, 짧은 2코 넣어뜨기)×6번 [24]

5단 : 짧은뜨기 24코 [24]

6단 : 짧은뜨기 6코, (짧은 2코 모아뜨기)×6번, 짧은뜨기 6코 [18]

7단 : 짧은뜨기 6코, (짧은 2코 모아뜨기)×3번, 짧은뜨기 6코 [15]

8단 : 짧은뜨기 1코, 짧은 2코 모아뜨기, (짧은뜨기 4코, 짧은 2코 모아뜨기)×2번 [12]

9-11단 : 짧은뜨기 12코 [12]

바느질할 실꼬리를 길게 남기고 자른다. 인형이 기댈 수 있도록 다리 위치를 잡는다. 다리를 몸통의 아래 매직링에서 7번째 단에 8코 간격을 두고 바느질한다.

팔 (2개, 베이지색)

손가락에 감아 원형코 만들기로 시작한다(매직링).

1단 : 짧은뜨기 6코 [6]

2단 : 짧은 2코 넣어뜨기×6번 [12]

3-5단 : 짧은뜨기 12코 [12]

6단 : (짧은뜨기 2코, 짧은 2코 모아뜨기)×3번 [9]

팔에 솜을 넣고 뜨면서 솜을 계속 채운다.

7-10단 : 짧은뜨기 9코 [9]

11단 : 짧은뜨기 7코, 짧은 2코 모아뜨기 [8]

12단 : 짧은뜨기 8코 [8]

바느질할 실꼬리를 길게 남기고 자른다. 팔을 몸통 위에서 3-4단에 바느질한다.

우는 아기로 만들려면,
파란색 면실로 얼굴에 작은
세로 선을 수놓는다.

개구리 소녀

대부분의 사람들은 비를 좋아하지 않지만
개구리 소녀는 그 반대죠. 개구리 소녀는 비 오는
날을 좋아해요. 초록색 개구리 의상과 빨간색
장화를 신고 빗속에서 춤을 추고 웅덩이마다
뛰어들어요. 정말 재미있어요!

재료

- ✔ 뜨개실(면, 50g/100m) : 오프화이트, 분홍색, 녹색, 흰색, 검은색, 빨간색
- ✔ 머리카락용 울실(50g/205m)
- ✔ 코바늘 3mm(5호)
- ✔ 솜
- ✔ 자수용 실 : 검은색(얼굴)
- ✔ 작은 단추(6mm) : 3개, 빨간색, 흰색, 검은색
- ✔ 돗바늘
- ✔ 단수링

머리 (1개, 오프화이트)

위에서 아래로 코바늘뜨기한다. 손가락에 감아 원형코 만들기로 시작한다(매직링).

1단 : 짧은뜨기 6코 [6]

2단 : 짧은 2코 넣어뜨기×6번 [12]

3단 : (짧은뜨기 1코, 짧은 2코 넣어뜨기)×6번 [18]

4단 : (짧은뜨기 2코, 짧은 2코 넣어뜨기)×6번 [24]

5단 : (짧은뜨기 3코, 짧은 2코 넣어뜨기)×6번 [30]

6단 : (짧은뜨기 4코, 짧은 2코 넣어뜨기)×6번 [36]

7단 : (짧은뜨기 5코, 짧은 2코 넣어뜨기)×6번 [42]

8단 : (짧은뜨기 6코, 짧은 2코 넣어뜨기)×6번
[48]

9단 : (짧은뜨기 7코, 짧은 2코 넣어뜨기)×6번
[54]

10단 : (짧은뜨기 8코, 짧은 2코 넣어뜨기)×6번
[60]

11-23단 : 짧은뜨기 60코 [60]

24단 : (짧은뜨기 8코, 짧은 2코 모아뜨기)×6번
[54]

25단 : (짧은뜨기 7코, 짧은 2코 모아뜨기)×6번
[48]

26단 : (짧은뜨기 6코, 짧은 2코 모아뜨기)×6번
[42]

27단 : (짧은뜨기 5코, 짧은 2코 모아뜨기)×6번
[36]

머리에 솜을 단단히 넣고 뜨면서 솜을 계속 채운
다.

28단 : (짧은뜨기 4코, 짧은 2코 모아뜨기)×6번
[30]

29단 : (짧은뜨기 1코, 짧은 2코 모아뜨기×2번)
×6번 [18]

실을 자르고 실 끝을 편물 사이로 숨겨 마무리한
다. 눈을 20단과 21단 사이에 4-5코 간격을 두
고 검은색 자수실로 수놓는다. 작은 입을 눈 아래
에 수놓는다.

뺨 (2개, 분홍색)

- -

손가락에 감아 원형코 만들기로 시작한다(매직
링).

1단 : 긴뜨기 10코 [10]
첫코에 빼뜨기.
바느질할 실꼬리를 길게 남기고 자른 뒤 뺨을 얼
굴에 꿰맨다.

개구리 모자 (1개, 녹색)

- -

위에서 아래로 코바늘뜨기한다. 손가락에 감아
원형코 만들기로 시작한다(매직링).

1단 : 짧은뜨기 6코 [6]

2단 : 짧은 2코 넣어뜨기×6번 [12]

3단 : (짧은뜨기 1코, 짧은 2코 넣어뜨기)×6번
[18]

4단 : (짧은뜨기 2코, 짧은 2코 넣어뜨기)×6번
[24]

5단 : (짧은뜨기 3코, 짧은 2코 넣어뜨기)×6번
[30]

6단 : (짧은뜨기 4코, 짧은 2코 넣어뜨기)×6번
[36]

7단 : (짧은뜨기 5코, 짧은 2코 넣어뜨기)×6번
[42]

8단 : (짧은뜨기 6코, 짧은 2코 넣어뜨기)×6번
[48]

9단 : (짧은뜨기 7코, 짧은 2코 넣어뜨기)×6번
[54]

10단 : (짧은뜨기 8코, 짧은 2코 넣어뜨기)×6번
[60]

11−17단 : 짧은뜨기 60코 [60]

18단 : 짧은뜨기 9코, 앞쪽 고리에만 짧은뜨기 6
코, 짧은뜨기 30코, 앞쪽 고리에만 짧은뜨기 6
코, 짧은뜨기 9코 [60]

바느질할 실꼬리를 길게 남기고 자른다.

머리카락

모자의 18단에서 남은 뒤쪽 고리에 땋은 머리를
붙인다. 고리 12개에 각각 사용할 실(약 30cm
길이) 2−3가닥을 자른다. 코바늘을 사용해 고리
에 실을 통과시킨 뒤 당겨 반으로 매달아둔다.

머리카락을 땋고 머리카락과 같은 색의 자수실로
묶는다. 튀어나오는 머리카락을 잘라낸다. 앞머
리를 만들고 싶으면, 모자를 머리에 바느질하기
전에 수놓는다.

모자를 머리에 위치를 잡고 꿰맨다.

안구 (2개, 흰색)

손가락에 감아 원형코 만들기로 시작한다(매직링).

1단 : 짧은뜨기 6코 [6]

2단 : 짧은 2코 넣어뜨기×6번 [12]

3단 : (짧은뜨기 1코, 짧은 2코 넣어뜨기)×6번
[18]

4단 : (짧은뜨기 5코, 짧은 2코 넣어뜨기)×3번
[21]

5−7단 : 짧은뜨기 21코 [21]

8단 : (짧은뜨기 5코, 짧은 2코 모아뜨기)×3번
[18]

9단 : (짧은뜨기 1코, 짧은 2코 모아뜨기)×6번
[12]

솜을 넣는다.

10단 : (짧은뜨기 1코, 짧은 2코 모아뜨기)×4번
[8]

실꼬리를 길게 남기고 자른 뒤 실꼬리를 돗바늘에 꿰어 단단히 당겨 봉합한다. 실 끝은 편물 사이로 숨긴다.

눈동자 (2개, 검은색)

손가락에 감아 원형코 만들기로 시작한다(매직링).

1단 : 짧은뜨기 6코 [6]

첫코에 빼뜨기.

실꼬리를 길게 남기고 자른다. 눈동자를 안구의 중심에서 약간 벗어난 곳에 꿰맨다.

눈꺼풀 (2개, 녹색)

손가락에 감아 원형코 만들기로 시작한다(매직링).

1단 : 짧은뜨기 6코 [6]

2단 : 짧은 2코 넣어뜨기×6번 [12]

3단 : (짧은뜨기 1코, 짧은 2코 넣어뜨기)×6번
[18]

4단 : (짧은뜨기 2코, 짧은 2코 넣어뜨기)×6번
[24]

5-8단 : 짧은뜨기 24코 [24]

실꼬리를 길게 남기고 자른다. 눈꺼풀을 안구 위에 놓고 꿰맨다. 눈을 개구리 모자 위에 바느질한다.

몸통 (1개, 녹색+오프화이트)

아래에서 위로 코바늘뜨기한다. **녹색** 실로, 손가락에 감아 원형코 만들기로 시작한다(매직링).

1단 : 짧은뜨기 6코 [6]

2단 : 짧은 2코 넣어뜨기×6번 [12]

3단 : (짧은뜨기 1코, 짧은 2코 넣어뜨기)×6번
[18]

4단 : (짧은뜨기 2코, 짧은 2코 넣어뜨기)×6번
[24]

5단 : (짧은뜨기 3코, 짧은 2코 넣어뜨기)×6번
[30]

6단 : (짧은뜨기 4코, 짧은 2코 넣어뜨기)×6번
[36]

7단 : (짧은뜨기 5코, 짧은 2코 넣어뜨기)×6번
[42]

8단 : (짧은뜨기 6코, 짧은 2코 넣어뜨기)×6번
[48]

9-13단 : 짧은뜨기 48코 [48]

14단 : (짧은뜨기 6코, 짧은 2코 모아뜨기)×6번
[42]

15-16단 : 짧은뜨기 42코 [42]

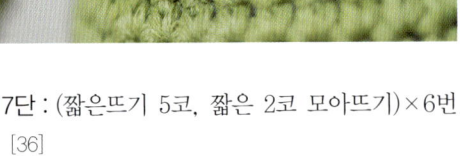

17단 : (짧은뜨기 5코, 짧은 2코 모아뜨기)×6번
[36]

18-19단 : 짧은뜨기 36코 [36]

몸통에 솜을 단단히 넣고 뜨면서 솜을 계속 채운
다.

20단 : (짧은뜨기 4코, 짧은 2코 모아뜨기)×6번
[30]

21-22단 : 짧은뜨기 30코 [30]

23단 : (짧은뜨기 3코, 짧은 2코 모아뜨기)×6번
[24]

24-26단 : 짧은뜨기 24코 [24]

27단 : (짧은뜨기 2코, 짧은 2코 모아뜨기)×6번
[18]

28단 : **오프화이트** 실로, 짧은뜨기 18코 [18]

바느질할 실꼬리를 길게 남기고 자른 뒤 머리를
몸통에 바느질한다.

다리 (2개, 빨간색+검은색+흰색)

- -

1단 : **빨간색** 실로, 사슬뜨기 5코. 기초 사슬코의
양쪽을 코바늘뜨기한다. 바늘에서 두 번째 코
에 짧은 2코 넣어뜨기, 짧은뜨기 2코, 마지막
코에 짧은 4코 넣어뜨기. 기초 사슬코의 반대
쪽에 계속, 짧은뜨기 2코, 첫코에 짧은 2코 넣
어뜨기 [12]

2단 : 짧은 2코 넣어뜨기×2번, 짧은뜨기 2코, 짧
은 2코 넣어뜨기×4번, 짧은뜨기 2코, 짧은 2
코 넣어뜨기×2번 [20]

3단 : 짧은 2코 넣어뜨기×2번, 짧은뜨기 7코, 짧
은 2코 넣어뜨기×3번, 짧은뜨기 7코, 짧은 2
코 넣어뜨기 [26]

4단 : 뒤걸어 짧은뜨기 26코 [26]

5단 : 짧은뜨기 7코, 긴뜨기 12코, 짧은뜨기 7코
[26]

6단 : 짧은뜨기 7코, 긴 2코 모아뜨기×6번, 짧은
      뜨기 7코 [20]

7단 : 짧은뜨기 8코, 짧은 2코 모아뜨기, 짧은뜨
      기 2코, 짧은 2코 모아뜨기, 짧은뜨기 6코 [18]

8단 : (짧은뜨기 4코, 짧은 2코 모아뜨기)×3번
      [15]

부츠에 솜을 단단히 넣고 뜨면서 솜을 계속 채운
다.

9-14단 : 짧은뜨기 15코 [15]

15단 : 짧은뜨기 5코 [5] 남은 코는 뜨지 않고 둔
      다. 다음 코에 단수링을 거는데, 이 코가 다음
      단의 첫코가 된다.

검은색 실과 흰색 실을 2단씩 번갈아가며 떠서
줄무늬 패턴을 만든다.

16단 : 뒤쪽 고리에만, (짧은이랑뜨기 3코, 짧은
      이랑 2코 모아뜨기)×3번 [12]

17-33단 : 짧은뜨기 12코 [12]

34단 : 짧은뜨기 5코 [5] 남은 코는 뜨지 않고 둔
      다.

바느질할 실꼬리를 길게 남기고 자른 뒤 위쪽을
납작하게 만들어 봉합한다. 부츠 바닥을 몸 쪽으
로 향하게 잡고 16단의 남은 앞쪽 고리에서 가장
자리를 뜬다.

1단 : **빨간색** 실을 바늘에 걸어 사슬뜨기 1코, (짧
      은뜨기 4코, 짧은 2코 넣어뜨기)×3번, 첫코에
      빼뜨기 [18]

실을 자르고 실 끝을 편물 사이로 숨긴다. 다리를
몸통의 아래에서 3단 띄워 바느질한다.

팔 (2개, 오프화이트+녹색)

오프화이트 실로, 손가락에 감아 원형코 만들기
로 시작한다(매직링).

1단 : 짧은뜨기 6코 [6]

2단 : 짧은 2코 넣어뜨기×6번 [12]

3단 : (짧은뜨기 1코, 짧은 2코 넣어뜨기)×6번
      [18]

4-6단 : 짧은뜨기 18코 [18]

7단 : (짧은뜨기 4코, 짧은 2코 모아뜨기)×3번
      [15]

8단 : (짧은뜨기 3코, 짧은 2코 모아뜨기)×3번
      [12]

9-10단 : 짧은뜨기 12코 [12]

팔에 솜을 넣고 뜨면서 솜을 계속 채운다.

11-16단 : **녹색** 실로, 짧은뜨기 12코 [12]

17단 : (짧은뜨기 4코, 짧은 2코 모아뜨기)×2번
      [10]

18-26단 : 짧은뜨기 10코 [10]

바느질할 실꼬리를 남기고 자른 뒤 위쪽을 납작
하게 만들어 봉합한다. 팔을 몸통 양쪽에 위에서
두 번째 단에 바느질한다. 몸통에 단추 3개를 장
식한다.

봉제 인형 애니

애니는 몽상가예요. 애니가 원하는 만큼 꿈을 꿀 수
있기 때문에 밤 시간을 제일 좋아하죠. 애니는 매일
아침 아이스크림을 먹는 것에 대해, 자신의 작은
강아지를 키우는 것에 대해, 새들의 언어를 배우는 것에
대해, 구름 위로 날아가 앉는 것을 배우는 것에 대해,
무지개색 사탕을 핥는 것에 대해 꿈을 꿔요. 애니의
꿈은 끝이 없어요!

재료

- ✔ 뜨개실(면, 50g/105m) : 흰색, 빨간색, 회색, 검은색
- ✔ 머리카락용 면실(50g/82m)
- ✔ 코바늘 3mm(5호)
- ✔ 솜
- ✔ 눈 8mm
- ✔ 자수용 실 : 검은색(입)
- ✔ 작은 나비 리본 2개(20mm)
- ✔ 돗바늘
- ✔ 단수링
- ✔ 선택 : 화장 솔 또는 분홍색 밀랍(뺨)

머리와 몸통 (1개, 흰색+빨간색+회색)

위에서 아래로 하나의 편물로 코바늘뜨기한다.

흰색 실로, 손가락에 감아 원형코 만들기로 시작한다(매직링).

1단 : 짧은뜨기 6코 [6]

2단 : 짧은 2코 넣어뜨기×6번 [12]

3단 : (짧은뜨기 1코, 짧은 2코 넣어뜨기)×6번 [18]

4단 : (짧은뜨기 2코, 짧은 2코 넣어뜨기)×6번 [24]

5단 : (짧은뜨기 3코, 짧은 2코 넣어뜨기)×6번 [30]

6단 : (짧은뜨기 4코, 짧은 2코 넣어뜨기)×6번 [36]

7단 : (짧은뜨기 5코, 짧은 2코 넣어뜨기)×6번 [42]

8단 : (짧은뜨기 6코, 짧은 2코 넣어뜨기)×6번
[48]

9단 : (짧은뜨기 7코, 짧은 2코 넣어뜨기)×6번
[54]

10−16단 : 짧은뜨기 54코 [54]

17단의 첫코에 단수링을 걸어 눈의 위치를 표시
한다.

17−21단 : 짧은뜨기 54코 [54]

눈을 17단과 18단 사이, 단수링에서 20코를 세
고 다음 코에 첫 번째 눈을 넣는다. 두 번째 눈은
10코 떨어져서 넣는다. 와셔를 끼워 눈을 고정시
킨다.

22단 : (짧은뜨기 7코, 짧은 2코 모아뜨기)×6번
[48]

23단 : (짧은뜨기 6코, 짧은 2코 모아뜨기)×6번
[42]

24단 : (짧은뜨기 5코, 짧은 2코 모아뜨기)×6번
[36]

머리에 솜을 단단히 넣고 뜨면서 솜을 계속 채운
다.

25단 : (짧은뜨기 4코, 짧은 2코 모아뜨기)×6번
[30]

26단 : (짧은뜨기 3코, 짧은 2코 모아뜨기)×6번
[24]

27단 : (짧은뜨기 2코, 짧은 2코 모아뜨기)×6번
[18]

28단 : (짧은뜨기 4코, 짧은 2코 모아뜨기)×3번
[15]

29단 : 짧은뜨기 15코 [15]

30단 : (짧은뜨기 4코, 짧은 2코 넣어뜨기)×3번
[18]

31단 : 짧은뜨기 18코 [18]

32단 : 빨간색 실로, (짧은뜨기 2코, 짧은 2코 넣
어뜨기)×6번 [24]

33단 : 짧은뜨기 24코 [24]

34단 : (짧은뜨기 3코, 짧은 2코 넣어뜨기)×6번 [30]

35단 : 짧은뜨기 30코 [30]

36단 : (짧은뜨기 4코, 짧은 2코 넣어뜨기)×6번 [36]

37단 : 짧은뜨기 36코 [36]

38단 : (짧은뜨기 5코, 짧은 2코 넣어뜨기)×6번 [42]

39단 : 짧은뜨기 42코 [42]

40단 : (짧은뜨기 6코, 짧은 2코 넣어뜨기)×6번 [48]

41단 : 짧은뜨기 48코 [48]

42단 : (짧은뜨기 7코, 짧은 2코 넣어뜨기)×6번 [54]

43–56단 : **회색** 실로, 짧은뜨기 54코 [54]

57단 : 짧은뜨기 24코 [24] 남은 코는 뜨지 않고 둔다.

58단 : 앞쪽 고리에만, (한길긴 2코 넣어뜨기, 한 길긴뜨기 1코, 빼뜨기 1코, 사슬뜨기 1코)×18번 [아치 18개]

바느질할 실꼬리를 길게 남기고 자른 뒤 실꼬리를 마지막 코에 통과시켜 당긴다. 솜이 과하지 않게 주의하며 몸통에 솜을 채워 마무리한다.

실꼬리가 오른쪽 모서리에 남아 있도록 몸통을 평평하게 만든다. 이전 단에서 뜨지 않은 뒤쪽 고리를 사용해 봉합한다. 원피스의 양쪽 모서리에 솜이 충분히 채워졌는지 확인한다.

다리 (2개, 검은색+흰색)

검은색 실로, 손가락에 감아 원형코 만들기로 시작한다(매직링).

1단 : 짧은뜨기 6코 [6]

2단 : 짧은 2코 넣어뜨기×6번 [12]

3단 : (짧은뜨기 3코, 짧은 2코 넣어뜨기)×3번 [15]

4−5단 : 짧은뜨기 15코 [15]

6단 : 짧은뜨기 5코. 흰색 실로 바꾸며 두 가지 실을 교대로 뜬다. 흰색 실로 짧은뜨기 5코, **검은색** 실로 짧은뜨기 5코 [15]

7−8단 : **검은색** 실로 짧은뜨기 5코, 흰색 실로 짧은뜨기 5코, **검은색** 실로 짧은뜨기 5코 [15]

다리의 끝에 솜을 넣고 뜨면서 솜을 계속 채운다. 다리의 윗부분에는 솜을 가볍게 채운다.

9−26단 : 흰색 실로, 짧은뜨기 15코 [15]

27단 : 짧은뜨기 2코 [2] 남은 코는 뜨지 않고 둔다.

바느질할 실꼬리를 길게 남기고 자른 뒤 다리를 평평하게 만들고 몇 땀 떠서 봉합한다. 신발의 옆면 사이에 검은색 실로 가로로 수놓아 신발 끈을 표현한다. 다리를 몸통의 아래에 프릴 사이에 바느질한다.

팔 (2개, 흰색+빨간색)

- -

흰색 실로. 손가락에 감아 원형코 만들기로 시작한다(매직링).

1단 : 짧은뜨기 5코 [5]

2단 : 짧은 2코 넣어뜨기×5번 [10]

3−9단 : 짧은뜨기 10코 [10]

팔에 솜을 넣고 뜨면서 솜을 계속 채운다.

10−11단 : **빨간색** 실로, 짧은뜨기 10코 [10]

12단 : (짧은뜨기 4코, 짧은 2코 넣어뜨기)×2번 [12]

13−15단 : 짧은뜨기 12코 [12]

16단 : (짧은뜨기 5코, 짧은 2코 넣어뜨기)×2번 [14]

17−19단 : 짧은뜨기 14코 [14]

20단 : (짧은 2코 모아뜨기)×7번 [7]

바느질할 실꼬리를 길게 남기고 자른다. 팔을 몸통의 원피스 위에서 첫 번째 단에 바느질한다. 입을 22단과 23단 사이에 검은색 자수실로 수놓은

뒤 리본으로 원피스를 꾸민다.

머리카락

- -

35−36쪽의 설명을 참고하여 머리카락용 너비 15cm와 앞머리용 너비 6cm(또는 인형 머리 크기에 필요한 만큼)인 가발을 만든다. 앞머리를 얼굴의 가운데에, 7단과 8단 사이에 바느질하고 나머지 가발도 바느질한다.

머리카락을 포니테일 두 개로 모으고 머리카락 색과 같은 색의 실로 묶어 머리에 꿰맨다. 앞머리를 자르고 고르게 편다.

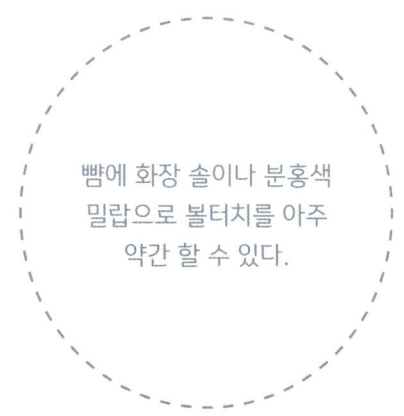

뺨에 화장 솔이나 분홍색 밀랍으로 볼터치를 아주 약간 할 수 있다.

크리스마스 요정 광대

광대는 노는 것을 좋아해요. 가장 좋아하는 게임 중 하나는 숨바꼭질이에요. 겨울철에는 창문 뒤에 몰래 들어가서 아이들을 지켜볼 때 많이 하는 놀이죠. 하지만 광대가 진짜 가장 좋아하는 건 추측게임이에요. 어떤 종류의 사탕인지 또는 아이가 가장 좋아하는 색연필이 어떤 건지 추측하는 건 쉽지 않지만 광대는 영리해서 보통 첫 번째 시도에 바로 맞춰요.

재료

- ✔ 뜨개실(면, 50g/85m) : 베이지색, 흰색, 빨간색, 갈색, 녹색
- ✔ 코바늘 3mm(5호)
- ✔ 솜
- ✔ 눈 6mm
- ✔ 자수용 실 : 검은색(입)
- ✔ 단추 3개(10mm)
- ✔ 눈송이 단추 1개(18mm)
- ✔ 돗바늘
- ✔ 선택 : 화장 솔 또는 분홍색 밀랍(뺨)

머리 (1개, 베이지색)

위에서 아래로 코바늘뜨기한다. 손가락에 감아 원형코 만들기로 시작한다(매직링).

1단 : 짧은뜨기 6코 [6]

2단 : 짧은 2코 넣어뜨기×6번 [12]

3단 : (짧은뜨기 1코, 짧은 2코 넣어뜨기)×6번 [18]

4단 : (짧은뜨기 2코, 짧은 2코 넣어뜨기)×6번 [24]

5단 : (짧은뜨기 3코, 짧은 2코 넣어뜨기)×6번 [30]

6단 : (짧은뜨기 4코, 짧은 2코 넣어뜨기)×6번 [36]

7단 : (짧은뜨기 5코, 짧은 2코 넣어뜨기)×6번 [42]

8단 : (짧은뜨기 6코, 짧은 2코 넣어뜨기)×6번 [48]

9-18단 : 짧은뜨기 48코 [48]

눈을 15단과 16단 사이에 6코 간격을 두고 넣는다. 와셔를 끼워 고정시킨다.

19단 : (짧은뜨기 6코, 짧은 2코 모아뜨기)×6번 [42]

20단 : (짧은뜨기 5코, 짧은 2코 모아뜨기)×6번 [36]

21단 : (짧은뜨기 4코, 짧은 2코 모아뜨기)×6번 [30]

머리에 솜을 단단히 넣고 뜨면서 솜을 계속 채운다.

22단 : (짧은뜨기 3코, 짧은 2코 모아뜨기)×6번 [24]

23단 : (짧은뜨기 2코, 짧은 2코 모아뜨기)×6번 [18]

실을 자르고 실 끝을 편물 사이로 숨겨 마무리한다.

귀 (2개, 베이지색)

손가락에 감아 원형코 만들기로 시작한다(매직링).

1단 : 짧은뜨기 6코 [6]

바느질할 실꼬리를 길게 남기고 자른다. 귀를 머리의 16-17단 위에, 눈에서 손가락 두 개 너비 정도 띄워서 바느질한다.

모자 (1개, 흰색+빨간색)

흰색 실로, 손가락에 감아 원형코 만들기로 시작한다(매직링).

1단 : 짧은뜨기 6코 [6]

2단 : 짧은 2코 넣어뜨기×6번 [12]

3-4단 : 짧은뜨기 12코 [12]

5단 : 짧은 2코 모아뜨기×6번 [6]

폼폼에 솜을 채운다.

17단 : 짧은뜨기 24코 [24]

18단 : (짧은뜨기 7코, 짧은 2코 넣어뜨기)×3번 [27]

19단 : 짧은뜨기 27코 [27]

20단 : (짧은뜨기 8코, 짧은 2코 넣어뜨기)×3번 [30]

21단 : 짧은뜨기 30코 [30]

22단 : (짧은뜨기 4코, 짧은 2코 넣어뜨기)×6번 [36]

23단 : 짧은뜨기 36코 [36]

24단 : (짧은뜨기 5코, 짧은 2코 넣어뜨기)×6번 [42]

25단 : 짧은뜨기 42코 [42]

26단 : (짧은뜨기 6코, 짧은 2코 넣어뜨기)×6번 [48]

27-35단 : 짧은뜨기 48코 [48]

바느질할 실꼬리를 길게 남기고 자른 뒤 모자에 솜을 채운다. 머리 위에 모자 위치를 잡아보고 바느질한다.

코를 16단과 17단 사이에 베이지색 실로 수놓는다. 입을 19단과 20단 사이에 검은색 실로 수놓는다. 입꼬리 근처에 화장 솔이나 분홍색 밀랍으로 볼터치를 아주 약간 할 수 있다. 모자에 눈송이 단추를 붙인다.

몸통 (1개, 빨간색+갈색)

아래에서 위로 코바늘뜨기한다. **빨간색** 실로, 손가락에 감아 원형코 만들기로 시작한다(매직링).

1단 : 짧은뜨기 6코 [6]

2단 : 짧은 2코 넣어뜨기×6번 [12]

3단 : (짧은뜨기 1코, 짧은 2코 넣어뜨기)×6번 [18]

4단 : (짧은뜨기 2코, 짧은 2코 넣어뜨기)×6번 [24]

5단 : (짧은뜨기 3코, 짧은 2코 넣어뜨기)×6번

6단 : **빨간색** 실로, (짧은뜨기 1코, 짧은 2코 넣어뜨기)×3번 [9]

7단 : 짧은뜨기 9코 [9]

8단 : (짧은뜨기 2코, 짧은 2코 넣어뜨기)×3번 [12]

9단 : 짧은뜨기 12코 [12]

10단 : (짧은뜨기 3코, 짧은 2코 넣어뜨기)×3번 [15]

11단 : 짧은뜨기 15코 [15]

12단 : (짧은뜨기 4코, 짧은 2코 넣어뜨기)×3번 [18]

13단 : 짧은뜨기 18코 [18]

14단 : (짧은뜨기 5코, 짧은 2코 넣어뜨기)×3번 [21]

15단 : 짧은뜨기 21코 [21]

16단 : (짧은뜨기 6코, 짧은 2코 넣어뜨기)×3번 [24]

[30]

6단 : (짧은뜨기 4코, 짧은 2코 넣어뜨기)×6번
[36]

7단 : (짧은뜨기 5코, 짧은 2코 넣어뜨기)×6번
[42]

8단 : (짧은뜨기 6코, 짧은 2코 넣어뜨기)×6번
[48]

9-10단 : 짧은뜨기 48코 [48]

11단 : **갈색** 실로, 짧은뜨기 48코 [48]

12단 : 뒤쪽 고리에만, 짧은이랑뜨기 48코 [48]

13단 : 짧은뜨기 48코 [48]

14단 : (짧은뜨기 6코, 짧은 2코 모아뜨기)×6번
[42]

15단 : 짧은뜨기 42코 [42]

16단 : (짧은뜨기 5코, 짧은 2코 모아뜨기)×6번
[36]

17단 : 짧은뜨기 36코 [36]

18단 : (짧은뜨기 4코, 짧은 2코 모아뜨기)×6번
[30]

19단 : 짧은뜨기 30코 [30]

몸통에 솜을 넣고 뜨면서 솜을 계속 채운다.

20단 : (짧은뜨기 8코, 짧은 2코 모아뜨기)×3번
[27]

21-22단 : 짧은뜨기 27코 [27]

23단 : (짧은뜨기 7코, 짧은 2코 모아뜨기)×3번
[24]

24-25단 : 짧은뜨기 24코 [24]

26단 : (짧은뜨기 2코, 짧은 2코 모아뜨기)×6번
[18]

바느질할 실꼬리를 남기고 자른다. 몸통의 열린
부분을 몸 쪽으로 하고 12단의 남은 앞쪽 고리에
서 몸통 주위 가장자리를 코바늘뜨기한다.

1단 : **갈색** 실을 바늘에 걸어와 사슬뜨기 1코. 같
은 코에서 시작, 짧은뜨기 48코, 첫코에 **빼뜨
기** [48]

실을 자르고 실 끝을 편물 사이로 숨겨 마무리한
다. 머리를 몸통에 바느질한다.

다리 (2개, 갈색+녹색+빨간색)

1단 : **갈색** 실로, 사슬뜨기 6코. 기초 사슬코의
양쪽을 코바늘뜨기한다. 바늘에서 두 번째 코
에 짧은 2코 넣어뜨기, 짧은뜨기 3코, 마지막
코에 짧은 4코 넣어뜨기. 기초 사슬코의 반대
쪽에 계속, 짧은뜨기 3코, 첫코에 짧은 2코 넣
어뜨기 [14]

2단 : (짧은 2코 넣어뜨기)×2번, 짧은뜨기 3코,
(짧은 2코 넣어뜨기)×4번, 짧은뜨기 3코, (짧
은 2코 넣어뜨기)×2번 [22]

3단 : 짧은뜨기 2코, 짧은 2코 넣어뜨기, 짧은뜨
기 6코, 짧은 2코 넣어뜨기, 짧은뜨기 3코, 짧
은 2코 넣어뜨기, 짧은뜨기 7코, 짧은 2코 넣
어뜨기 [26]

15단 : (짧은뜨기 4코, 짧은 2코 모아뜨기)×3번 [15]

16-18단 : 짧은뜨기 15코 [15]

19단 : **빨간색** 실로, 짧은 2코 넣어뜨기×15번 [30]

20단 : (짧은뜨기 4코, 짧은 2코 넣어뜨기)×6번 [36]

21-22단 : 짧은뜨기 36코 [36]

23단 : (짧은뜨기 4코, 짧은 2코 모아뜨기)×6번 [30]

24단 : 짧은뜨기 30코 [30]

25단 : (짧은뜨기 3코, 짧은 2코 모아뜨기)×6번 [24]

26단 : 짧은뜨기 24코 [24]

27단 : (짧은뜨기 2코, 짧은 2코 모아뜨기)×6번 [18]

28단 : 짧은뜨기 18코 [18]

29단 : (짧은뜨기 4코, 짧은 2코 모아뜨기)×3번 [15]

30단 : 짧은뜨기 15코 [15]

31단 : (짧은뜨기 3코, 짧은 2코 모아뜨기)×3번 [12]

32단 : 짧은뜨기 12코 [12]

바느질할 실꼬리를 길게 남기고 자른 뒤 위쪽을 납작하게 만들어 봉합한다.

부츠 바닥을 몸 쪽으로 향하게 잡고 14단의 남은 앞쪽 고리에서 가장자리를 뜬다.

1단 : **갈색** 실을 바늘에 걸어와 사슬뜨기 1코, 같은 코에서 시작, 짧은뜨기 18코, 첫코에 빼뜨기 [18]

2단 : 사슬뜨기 2코, 편물 돌려 반대방향 뜨기, 같은 코에서 시작, 뒤쪽 고리에만 한길긴뜨기 18코, 첫코에 빼뜨기 [18]

실을 자르고 실 끝을 편물 사이로 숨겨 마무리한다.

4단 : 짧은뜨기 10코, (짧은 2코 넣어뜨기, 짧은 뜨기 1코)×3번, 짧은 2코 넣어뜨기, 짧은뜨기 9코 [30]

5단 : **녹색** 실로, 사슬뜨기 1코, 뒤걸어 짧은뜨기 30코, 첫코에 빼뜨기 [30]

6단 : 짧은뜨기 30코 [30]

7단 : 짧은뜨기 7코, 긴뜨기 17코, 짧은뜨기 6코 [30]

8단 : 짧은뜨기 7코, (긴 2코 모아뜨기, 긴뜨기 1코)×5번, 긴 2코 모아뜨기, 짧은뜨기 6코 [24]

9단 : 짧은뜨기 7코, (짧은 2코 모아뜨기)×6번, 짧은뜨기 5코 [18]

부츠에 솜을 단단히 넣고 뜨면서 솜을 계속 채운다.

10-13단 : 짧은뜨기 18코 [18]

14단 : **베이지색** 실로, 뒤쪽 고리에만, 짧은이랑 뜨기 18코 [18]

부츠 가장자리에 흰색 실로 솔기를 수놓고 **갈색** 실로 부츠 위에 십자 모양을 꾸민다. 다리를 몸통의 아래에서 두 단 띄워 바느질한다.

팔 (2개, 베이지색+갈색+녹색)

엄지손가락으로 시작한다. 베이지색 실로, 손가락에 감아 원형코 만들기로 시작한다(매직링).

1단 : 짧은뜨기 6코 [6]

2단 : 짧은뜨기 6코 [6]

바느질할 실꼬리를 길게 남기고 자른 뒤 손가락은 옆에 두고 손을 뜬다.

베이지색 실로, 손가락에 감아 원형코 만들기로 시작한다(매직링).

1단 : 짧은뜨기 6코 [6]

2단 : 짧은 2코 넣어뜨기×6번 [12]

3단 : 짧은뜨기 12코 [12]

손에서 팔로 계속 이어서 뜬다.

4단 : 이 단에서 손과 엄지손가락을 합친다. 손에서 짧은뜨기 6코, 엄지손가락에서 짧은뜨기 6코, 손에서 짧은뜨기 6코 [18]

5-6단 : 짧은뜨기 18코 [18]

엄지손가락에서 남은 실꼬리로 손과 엄지손가락 사이에 있는 구멍을 막는다.

7단 : (짧은뜨기 1코, 짧은 2코 모아뜨기)×6번 [12]

8단 : (짧은뜨기 2코, 짧은 2코 모아뜨기)×3번 [9]

손에 솜을 채운다. **녹색** 실과 **갈색** 실을 1단씩 번갈아가며 떠서 줄무늬 패턴을 만든다.

9단 : 짧은뜨기 9코 [9]

10단 : 짧은 2코 넣어뜨기×9번 [18]

11단 : (짧은뜨기 2코, 짧은 2코 넣어뜨기)×6번 [24]

12-15단 : 짧은뜨기 24코 [24]

16단 : (짧은뜨기 2코, 짧은 2코 모아뜨기)×6번
[18]

17-18단 : 짧은뜨기 18코 [18]

19단 : (짧은뜨기 4코, 짧은 2코 모아뜨기)×3번
[15]

20단 : 짧은뜨기 15코 [15]

21단 : (짧은뜨기 3코, 짧은 2코 모아뜨기)×3번
[12]

22단 : 짧은뜨기 12코 [12]

23단 : (짧은뜨기 2코, 짧은 2코 모아뜨기)×3번
[9]

24단 : 짧은뜨기 9코 [9]

바느질할 실꼬리를 길게 남기고 자른다. 팔을 몸

통 양쪽에 위에서 첫 번째 단에 바느질한다. 코트
에 단추를 단다.

스카프 (1개, 흰색)

- -

평단 뜨기한다.

1단 : 사슬뜨기 4코, 바늘에서 두 번째 코에서 시
작, 짧은뜨기 3코 [3]

2단 : 편물 돌려, 사슬뜨기 1코, 뒤쪽 고리에만
짧은이랑뜨기 3코 [3]

목에 둘러 묶을 수 있을 만큼 충분한 길이가 될
때까지 2단을 반복한다. 실 끝을 편물 사이로 숨
겨 마무리한다.